全新譯本

從悲劇中開出幸福花朵的
人生智慧——叔本華

Aphorismen
zur Lebensweisheit

阿圖爾・叔本華（Arthur Schopenhauer）——著
木云、林求是——譯

方舟文化

本書根據1890年T. Bailey Saunders所譯英文版 *The Wisdom of Life* 譯出。為方便讀者閱讀，重新劃分章節、新增標題，是為全新中譯本。

推薦序　二十一世紀叔本華使用指南／陳夏民　009
推薦序　關於幸福人生，你可以問問叔本華／林靜君　013
導　讀　叔本華這個人和他的人生智慧／費勇　017

課前預習　人生的智慧是什麼？　035

如何才能度過幸福的一生？　037
想要幸福，你必須知道的三個終極真相　039
我與他人為什麼不同？　039
痛苦面前，人人平等　042
不幸福只是因為你「感覺不幸福」　044
寧做健康的乞丐，不做病懨懨的國王　045
人生只量力而行　047
財富帶來幸福，也會打擾幸福　049

CONTENTS

第1課　人是什麼？ 053
你的幸福感為何越來越少了？ 055
任何事都不值得你犧牲健康去追求 058
樂觀和美貌能讓你更幸福 061
幸福人生的兩個大敵——痛苦和無聊 066
人，要嘛孤獨，要嘛庸俗 068
把無聊當口頭禪，是因為無知 070
你可能根本沒認清自己 072
沒有真正的需求，就沒有真正的樂趣 077
逃脫困住你生活的「活死人墓」 079
人生兩大苦：物質匱乏，精神空虛 084
智慧越多越憂傷？ 088
庸人測試 090

第2課　人擁有什麼？ 093
財富猶如海水，喝得越多越口渴 095
窮人比富人更容易揮霍 098
人為什麼不能太窮？ 100
一貧如洗，也可以是你的優勢 104

第3課　你在他人眼中是什麼？ 107
謊話為什麼受歡迎？ 109
別過於在意他人的眼光 110
拔掉引發痛苦的那根肉刺 116
不必謙虛，只管驕傲 120
與華而不實的社會地位說再見 124

CONTENTS

榮譽的本質 126
公民榮譽：人渴望被尊重 128
公職榮譽：要做就要做到最好 132
兩性榮譽：男人征服世界，女人征服男人贏得世界 134
門當戶對才幸福 137
男性榮譽源於集體榮譽 139
騎士榮譽：小眾的榮譽 140
最粗野的人永遠最正確？ 147
讓步你就輸了嗎？ 155
榮譽對我們的可怕影響 160
遭受侮辱時，我們該怎麼辦？ 167
名聲：曇花一現還是永垂不朽？ 176
唯有作品永垂不朽 179

學會欣賞自己，不要指望別人來欣賞你……182
名副其實還是浪得虛名？……185
真正的名聲……189
什麼樣的人容易出名？……195
耐得住寂寞才擔得起盛名……198

附　錄　叔本華著作及生平大事記……201

推薦序

二十一世紀叔本華使用指南

出版人／陳夏民

許多人一碰到經典作品，可能是聯想到那傳芳百世的重量，便忍不住搖搖頭揮揮手，謝謝再聯絡。其實，經典並不都是以學理為主的嚴肅作品。一部作品之所以能夠成為經典，往往是因為其內容能夠承受時間的淘洗、其概念核心在多方辯證之下，威力不但沒有被削減，反而還能夠被雕琢出如寶石般璀璨的價值，進而與不同世代或甚至不同年代的讀者們互相溝通，繼續發揮其影響力。

《從悲劇中開出幸福花朵的人生智慧——叔本華》便是一本能讓不同世代讀者共讀的經典作品。本書原名《人生智慧箴言》，於一八五一年出版，便贏得當代讀者們的推崇，而在作品進入公共版權領域之後，也陸續有更多語言版本在世界各地推出，成為許多愛書人談論人生哲學時的重要文本。但此書之所以成為經典，並不僅在於其哲學思考的重量。

叔本華在這本書中，討論人生當中不同階段時，並不用艱澀語言或意象畫出某種大餅給讀者想像，而是**以真摯、親切的人生教練的姿態，適時地、彷彿按照你可以接受的步調一般，慢慢地拉著你的手，讓你得以順著他的步伐繼續往前走。**

你或許好奇，一名一七八八年出生，並在一八六〇年過世的，好幾個世紀前的長者，真的能夠理解當代的你所遭遇的事情嗎？他會理解一個人在社群媒體時代，所遭遇的「沒有人按讚」或是「不得不從眾」的心理壓力？他會理解一個人雖然在大公司上班，卻必須活得像是社畜一般，不得不為現實放棄夢想的掙扎？

「哈囉，叔本華，我活在網路時代。你知道臉書是什麼嗎？」你可能這樣想。

叔本華當然無法回答這些問題，但他在世時所留下的思考麵包屑，若你願意沿路踏尋，將會發現其依舊精準指向社群媒體上的「你我」——不論時代差異、年輕或衰敗，**我們都是被大環境與原生家庭，或甚至是一層層錯綜複雜人際關係所綁架，進而失去自由的清爽感的「人」**。

閱讀《從悲劇中開出幸福花朵的人生智慧——叔本華》的過程，你可能點頭如搗蒜，因為你將發現**原來有一些困惑是如此原始，困惑了人類數百或是上千年**，而這些（多半源於無法看清自身處境的）困惑，直至今日，**只是轉換了包裝與形式，繼續捆綁著自己**。當然，閱讀過程中，你也可能興起更多的疑惑，一方面針對自己（我以前為什麼沒有這樣想過？而一直鑽牛角尖？）；一方面則可能針對你與叔本華之間的人格差異，而自問：「我適合去走他的道路嗎？」

如果你也有相同困惑，你我都是同路人。作為這本書的推薦者，當叔本華的論點擊中我，甚至提供了我某種解決方式的時候，其實我也疑惑著，甚至思考是不是有別的方式能夠解決自己的困惑：「我，身為一個踩在諸多學者與作家的著作階梯上的讀者，是否也能夠走出自己的路來？」

為了理解自己與世界之間的關係與距離，我們努力不懈，卻又在旅程中遭逢更多的困惑。這樣的挑戰絕非你我獨有，甚至也是叔本華生命階段中的長期試煉。這些，全部寫在書中。而**這本跨越數個世紀的經典作品，依然傳遞著火焰，點燃了更多人對於自我的熱情與研究精神**。我相信，若你讀完這本書而開始滿頭問號、甚至想方設想要解決自己的人生問題，叔本華天上有知，一定會隔空為你按讚。

（本文作者陳夏民，東華大學創英所畢業，現於桃園從事出版實驗計畫「逗點文創結社」，擔任總編輯。著有《失物風景》、《那些乘客教我的事》、《飛踢，醜哭，白鼻毛》等書。）

推薦序

關於幸福人生，你可以問問叔本華

台灣高中哲學教育推廣學會 副理事長／林靜君

我永遠忘不了那次的親師座談會後，一位母親流著淚對我說：「老師，我真的錯了。我沒想到我的小孩早就清楚自己真正想要的是什麼。」

這位母親從女兒入學後的第一次學校日起，總是憂心忡忡地抱怨孩子動作太慢、浪漫又善感。這些特質在身為菁英企業人士的母親眼中，全是妨礙成功的絆腳石。尤其讓她無法接受的是，孩子鍾情於藝術、醉心於繪畫與設計；從商致富的母親憂心女兒將來的生計。於是，她拒絕了孩子就讀藝術專門職校的願望，指示出一條先念完普通高中再確認興趣的道路。

這條路上，孩子的學科讀得十分辛苦，只有進到畫室的時光才是她活起來的時刻。但畫室與課業兩頭燒的下場是體力與精神透支，母女兩人為了效率與績效爭吵不停，孩子常常因為挫敗與無力而哭泣，母親每次來學校總是氣急敗壞。直到孩子在高中最後一年，以嚴苛的條件交換母親的放手，拚了命證明自己對繪畫與設計的熱情和承諾，才終於換得母親的那句：「沒想到我的小孩早就清楚自己真正想要的是什麼。」

面對那條多數人安居樂業的康莊大道，多少人有勇氣轉身走出自己的路？那股勇氣並不來自於莽撞或天真，而是**誠實地認識自己**。這正是叔本華在《從悲劇中開出幸福花朵的人生智慧——叔本華》一書中所提問的：你是什麼？你有什麼？你在他人眼中是什麼？

叔本華的文字洗練易讀，俯拾皆是箴言。然而他並不打算以簡單的格言形式來教誨人們「勇於做自己」。相反地，他大量地運用現實案例論證，並且援引其他哲學家與文學家的觀點，**最終指向幸福人生**

的終極指南：成為一個精神豐富的人。

精神豐富的人，正是那些享受智力樂趣的人，他們能夠從自己的內心與外在的環境中探索新鮮事物，因而總是在思想上朝氣蓬勃。相較於用來打發無聊的消遣與社交所引發的片刻歡愉，透過閱讀、觀察、研究與思辨所獲得的智力樂趣，更可能導向持久的幸福感。

有趣的是，**精神上豐富自足的人，往往也是善於獨處的人**。因為「一個人自身擁有越多，想從他人身上獲取的東西就越少。」

身為一位高中老師，我雖然明白青少年階段的發展任務之一，是尋求同儕認同，但我總是強調**享受獨處的必要**。尤其在這個社群媒體實質影響著網路原生世代所有生活面向的世界裡，如何建構強健的意識結構，因而能在紛擾的環境中保有冷靜清醒的心智，非透過思辨與自我對話不能達成。

本書提供了思辨與自我對話的豐富素材。試著與言詞犀利的叔本華辯論吧！看看獨處時刻的我們會如何回答他的質問：你是什麼？你有什麼？你在他人眼中是什麼？

（本文作者林靜君，大學讀的是英文，接著繞過半個地球在密西根州立大學取得課程與教學碩士學位。在高中教授英文的多年間，時常被學生不開口發言的聾啞行為激怒，因此決定以哲學開發青少年的思考與表達能力。與一群大學教授共同成立台灣高中哲學教育推廣學會（PHEDO），目前負責主持PHEDO在教育廣播電臺的節目《哲學Café》。）

導讀
叔本華這個人和他的人生智慧

中國暨南大學博士生導師、作家／費勇

叔本華一輩子寫了很多關於人生智慧的文章，對於人們如何活得更好，提出了不少有啟發性的建議。

根據英國哲人羅素《西方哲學史》的描述，叔本華在實際生活裡似乎並未充分運用他的智慧以成就美滿的人生。羅素特別提到了關於女裁縫的事件，他是這樣說的：

「假如我們根據叔本華的生活判斷，可知他的論調也不是真誠的。他常在上等菜館裡吃得很好；有過多次色情而不熱情的戀愛事件；他格外愛爭吵，而且異常貪婪。有一回，一個上了年紀的女裁縫在他的房間門外對朋友講話，惹得他動火，就把她扔下樓去，造成她終身傷殘。女裁縫贏得了法院判決，判決勒令叔本華在她有生之年必須每季付給她一定的錢數。二十年後她終於死了，當時叔本華在帳本上記下：『老婦死，重負釋。』**除了對動物的仁慈外，在他一生中很難找到任何美德的痕跡**，而他對動物的仁慈，已經達到反對為科學而做活體解剖的程度。」

但是，中國的王國維對於叔本華，卻有著完全不同的評價。王國維年輕時醉心於叔本華的哲學，一九○四年寫出《紅樓夢評論》，被認為是叔本華悲劇理論在中國的最早實踐。同一年，王國維寫了《叔本華之哲學及其教育學說》，全面介紹叔本華的思想。談到叔本華的生平，王國維有這麼一段評價：

「更有可注意者，叔氏一生之生活是也。彼生於富豪之家，雖中更衰落，尚得維持其素居之生活。彼送其一生於哲學之考察，雖一為大學講師，然未幾即罷，又非以著述為生活者也。故其著書之數，於近世哲學家中為最少，然書之價值之貴重，有如彼者乎！彼等日日為講義，日日作雜誌之論文（如謝林、黑格爾等），其為哲學上真正之考察之時殆希也。獨叔氏送其一生於宇宙人生上之考察，與審美上之瞑想。其妨此考察者，獨彼之強烈之意志之苦痛耳。而此意志上之苦痛，又還為哲學上之材料，故彼之學說與行為，雖往往自相矛盾、然其所謂『為哲學而生，而非以哲學為生』者，則誠夫子之自道也。」

王國維這段話的大意是，因為叔本華沒有生活上的經濟負擔，不需要擔任大學教師，或者賺取稿費為生，只是自由地按照自己的興趣研究、思考，**所以叔本華是真正為哲學而生，著作雖然不多，卻是最具價值的。**

那麼，叔本華到底是怎麼樣的一個人呢？

叔本華一生確實衣食無憂，羅素說叔本華經常在上等菜館吃香喝辣，應該不是捏造。一七八八年二月二十二日，阿圖爾・叔本華（Arthur Schopenhauer）生於但澤（Danzig，今波蘭的格但斯克）。他的父親是一名富商，也希望叔本華能夠成為一個成功的商人。他的母親出身貴族，喜歡文學，認識不少文學藝術界的名流，例如大詩人歌德。用現在的話來說，他母親是個標準的「女文青」。叔本華很早就有志於人文學術的研究，志趣上應該與母親比較親近，但事實是，**他更愛自己的父親，而和母親的關係不太融洽。**

叔本華少年時代，曾有過一次遊歷，周遊荷蘭、英國、法國、瑞士、普魯士等國。一八〇五年，他的父親去世，據說是自殺。叔本華認為是母親輕浮的生活方式害死了父親，從此和母親的關係變得非常惡劣。父親給叔本華留下一筆不小的遺產，他一生都沒有經濟壓力。

後來，管理叔本華財產的銀行倒閉，叔本華要求賠償，結果真的得到了理賠。叔本華為此說：**「一個人可以成為一個哲學家，但又不必因此就是一個愚人。」**這句話很像孔子所說，一個君子不去害人、不事先懷疑別人欺詐、不憑空猜想別人會不守信用，但如果真的有人欺詐，君子也能夠事先察覺，不被愚弄。

叔本華理財精明，但在感情、事業上，卻不太順利。叔本華有過幾次不成功的戀愛，最終一輩子單身。羅素說叔本華的戀愛「色情而不熱情」，大概是出於某種偏見。也許，由於母子關係的障礙，多少影響了他和女性的交往；而和女性交往的失敗，又在一段時間內影響了叔本華對於女性的看法。他的一些言論，被後世誇大為對於女性的厭惡。

他和尼采兩人可能是哲學史上最著名的厭女主義者。尼采有名言：「見到女人，舉起你的鞭子。」叔本華則說：「只有被性衝動沖昏了頭腦的人，才會把矮小、窄肩、寬臀、短腿的人稱為佳人。」在〈論女人〉一文裡，叔本華開篇就說：「女人本身是幼稚而不成熟的，她們輕佻瑣碎、缺乏遠見。」

據俄國哲學史家兼傳記作家阿．古雷加、伊．安德列耶娃合著的《他們發現了我——叔本華傳》所說，叔本華有過一次熱烈的初戀。一八〇九年，二十一歲的叔本華邂逅歌劇演員卡洛琳娜．雅格曼，墜入情網，不幸的是，雅格曼已經是一位年老公爵的情人，並沒有回應叔本華的愛。痛苦的單戀，促使叔本華留下了一生中唯一的一首詩：

〈在卡洛琳娜．雅格曼旁〉

合唱隊走進小巷，
我們站在你家門前；
我內心的悲傷將會變成喜悅，
如果你從視窗看著我。

合唱的聲音夾著雨雪響徹小巷，
裹著藍色的斗篷，
我抬頭看向你的窗口。

太陽被雲所遮蔽，
而你的眼睛的光芒，
在寒冷的早晨流出，
給我注入天堂般的溫暖。

你的窗口被帷幔掩蓋：
你在絲枕上做夢，
從未來戀情的喜悅中，
你是否意識到了遊戲的命運？

合唱隊走進小巷：
我的目光徒勞地四處探望；
窗簾擋住了陽光：
我的命運暗淡無光。

「我的命運暗淡無光」，這句詩倒是可以形容叔本華的一生，**他不僅愛情不順利，而且世俗意義上的事業，也算不上成功**。叔本華立志於人文研究，卻未能像與他同時代的哲學家如黑格爾、費希特等人那樣，在學院謀得一個穩定的職位。一八〇九年，二十一歲的叔本華到哥廷根大學攻讀醫學；後於二十三歲棄醫從文，進入柏林大學學習哲學；雖因戰爭爆發未能獲得博士學位，卻在一八一三年得到耶拿大學哲學學院講師資格。最後，叔本華因各種原因離開耶拿大學，輾轉在威瑪、德勒斯登、法蘭克福等地居住。

一八二〇年，叔本華獲得柏林大學的講師資格。那時，黑格爾已是名聲顯赫的哲學家，也在柏林大學教書。叔本華十分鄙視黑格爾，故意把自己的課與黑格爾安排在同一時間。結果叔本華班上的學生從未超過三個，只得取消這門名叫「整個哲學就是關於世界的本質和人的精神的學說」的課堂，這是叔本華第一次開課，也是最後一次開課。

所以，**叔本華一生的絕大部分時間，只是一個自由撰稿人**。作為一個自由撰稿人，他的著作在生前大部分時間並不暢銷，賣不到幾百本。他只是出於興趣以及求知的熱情，不斷地撰寫哲學著作，一八一四年，他移居到德勒斯登住了四年，並在一八一八年完成了他最著名的作品《作為意志和表象的世界》。一八一九年，布洛克豪斯出版社出版了此書。叔本華對於這本書頗為自負，自認是新的哲學體系：「它不是對已有東西的最新表述，而是最高度的結合在一起的，一系列迄今為止還沒有人能夠有過的思想。」但此書出版後市場反應冷淡，有評論家對它發表否定的意見，銷量更是糟糕，一年半內竟賣不到一百本。唯一稱讚了此書的人是德國詩人歌德。

在此之前，叔本華已出版過《論充足理由律的四重根》、《論視覺和顏色》，銷量遠比《作為意志和表象的世界》還少，所以叔本華並不沮喪。此後，他又寫了《自然界中的意志》和《倫理學的兩個基本問題》，並於一八四四年出版了《作為意志和表象的世界》第二版。社會對他依舊冷漠，沒有什麼人關注他的書以及書裡的思想。

叔本華一生的時光，大部分在寂寞裡度過。他曾說：「**名聲越是晚到，能夠持續的時間就越長——『優秀』需要時間來成就**。流芳後世的名聲就像一棵橡樹，成長十分緩慢；盛極一時的名聲，持續時間短，就像那些一年生一年死的植物；而虛假的名聲更是曇花一現便消亡不見。」這話說得不無道理，也似乎有自我安慰的因素。

因為寂寞、因為長期不被主流社會所重視，也多少使得**叔本華對於社會、對於人性常常有冷酷的意見**。例如，他有句名言：人生就是一場化妝舞會。為什麼呢？因為所有的人都戴著面具，什麼騎士、神輔、律師、哲學家、教授之類，都不過是面具。「一個人選擇戴上法律的面具，用它來假扮一位律師，其真正的目的只是為了向另一個人狠狠地敲上一記竹槓；為了同樣的目的，第二個人選擇了愛國主義的面具，打著公眾福利的幌子到處招搖撞騙……。」

也因為寂寞，他對於痛苦有特別深刻的理解。在他看來：**「這個世界中，唯有痛苦才是唯一真實的東西，而幸福不過是痛苦暫時的缺乏；不過是欲望與無聊較為迅速的交替。」**羅素雖然不怎麼喜歡叔本華，但也敏銳地指出，叔本華的悲觀主義哲學在哲學史上獨樹一幟：「叔本華在哲學家當中有許多地方與眾不同，幾乎所有其他的哲學家從某種意義上講都是樂觀主義者，而他卻是悲觀主義者。」

叔本華的悲觀，源於他的「生命意志說」。在《作為意志和表象的世界》裡，叔本華提出了一個對於西方人來說很有意思的看法。什麼看法呢？就是**我們的世界既不是真實的，也不是虛假的。**「這是摩耶，是欺騙（之神）的紗幔，蒙蔽著凡人的眼睛而使他們看見這樣一個世界，既不能說它存在，也不能說它不存在；因為它像夢一樣，像沙粒上閃爍著的陽光一樣，行人從遠處看來還以為是水，像隨便拋在地上的繩子一樣，人們卻將它看作一條蛇。」

西方傳統的思路要嘛是認為世界不依賴於主觀而存在，要嘛認為世界完全依賴於主觀而存在。但叔本華的思路完全跳出了唯物或是唯心的窠臼，指出了另一條道路。叔本華的第一個論斷是：**世界是我的表象**。意思是世界其實由主體和客體相互依存而存在。「二者存則共存，亡則共亡，雙方互為界限，客體的起處便是主體的止處。」

叔本華第二個非常著名的論斷：**世界是我的意志**。意志即生命意志，一種盲目衝動的力量、一種不斷產生欲求的力量。一個欲求滿足了，又有新的欲求。生生不息。所以，**生命意志的本質就是痛苦**。讀到這裡，如果你對於佛教有一定的了解，一定會說：叔本華的思路怎麼和佛陀的思路如此相似？是的，叔本華的悲觀，確實受到了包括佛教在內的印度思想的影響。據說，叔本華的書房裡放著一尊佛像，以及康德的塑像。後來的哲學史家，也常常認為**叔本華是第一個將東方**

思想融入歐洲現代思想的哲學家。

佛陀關於存在本質為「苦」的真理，在叔本華這位歐洲哲學家身上獲得奇妙的迴響。人生是苦，但人不能屈服於苦，而要尋找解脫的辦法。在如何解脫這一點上，叔本華的思想與佛陀有了不同的旨趣和方向。佛陀指出最終解脫的道路是：空，圍繞如何達到空，而建構了一個既思辨又實證的宏偉體系。而**叔本華身為優秀的哲學家，更趨近現實人生的考慮，著眼的還是塵世的幸福，是關於人們在日常生活中如何過得更好。**

叔本華認為，人之所以命運不同，在於三個方面的原因，第一是「人是什麼」，意即廣義的人格，例如健康、力量、氣質、道德、理智、教養等；第二是「人有什麼」，也就是人們的財產和各種所有物；第三是「一個人在他人的評價中處於什麼地位」（你在他人眼中是什麼）。叔本華的看法是：**「人生幸福的首要且最本質的要素，就是我們的人格。」**其他第二、第三個因素都不重要。「所有的事實都說明，對於幸福來說，**人生中的主觀因素要比客觀因素重要得多。**例如，健康比其他幸福重要得多，所以有人說，寧做健康的乞丐，不做病懨懨的國王。」

因此，叔本華認為，人類有兩大最常見的愚蠢，第一是「不是在他自身的本質中去尋求幸福，而是在別人看待『他是什麼』中求幸福」，就是說**太在意別人的看法，為別人而活**。第二是犧牲健康去謀求別的東西，不明白一個健康的乞丐，要比疾病的國王幸福。

「人是什麼」比「人有什麼」，更重要得多。在是否幸福這件事情上，個人的人格、氣質、心態、信仰，比汽車、房子、珠寶等更為重要。也就是說，**你的個性才是最寶貴的財富**。你需要去追求物質、名譽，**但你更需要追求的，是你獨立而健康的個性**。正是在這個意義上，叔本華才會說：「個性遠比民族性更重要。最廉價的驕傲是民族驕傲，也就是所謂的『民族自豪感』——**如果一個人宣稱為他的國家或民族自豪，那只能說明他本身並沒有什麼可值得驕傲的**，否則也不會抓著那些千百萬人共有的東西引以為榮。」

叔本華一生寂寞，卻沒有在寂寞裡消沉，鍥而不捨地做著自己想做的事業。叔本華自身的性格以及行為有不少缺陷，不過是一個凡人，但**他和凡人不一樣的是，經常跳出來審視自己以及同類，努力揭示並面對殘酷的真相**，並在面對真相後持續尋找更好的活法、繼續活下去。很多人把這看作悲觀，**在我看來，沒有比這更樂觀的了**。就像法國作家羅曼．羅蘭所說，認清了生活的真相，仍然有勇氣繼續活下去，沒有比這更本質的英雄主義了。

叔本華也許不算什麼英雄，但他在一生寂寞裡對思考、寫作的堅持，尤其是晚年好運降臨（新作大賣）時表現出來的風采，還是展示了智慧哲人的光輝。一八五一年，叔本華寫完了封筆之作《附錄和補遺》（本書〔德文書名《人生智慧箴言》〕，即選自《附錄和補遺》的第一卷）。一直出版叔本華著作的布洛克豪斯出版社，終於以無法再賠錢為由，拒絕了叔本華的書稿。叔本華只得將書稿交給了另一家很小的出版社，只要求十本樣書作為稿酬，除此之外再無其他。結果，這本書出版後引起轟動，成為暢銷書。而叔本華也一下子獲得了他所期待的名聲。柏林皇家科學院授予他院士稱號，但叔本華毫不猶豫就謝絕了。

一八六〇年九月二十一日，叔本華因為肺炎惡化去世，享年七十二歲。

（本文作者費勇，中國著名學者、作家。一九六五年生於浙江，十五歲考上大學，先後獲學士、碩士、博士學位，現為昊達文化創始人、昊達生活方式研究院院長、唐寧書店聯合創始人，並兼任暨南大學生活方式研究院聯席院長、教授、博士生導師。）

幸福不是一件容易的事！
既不能自發產生，也很難在別人那裡獲得。

——法國劇作家／尚福爾

課前預習

人生的智慧是什麼？

幸福的首要因素，是由人的內在機制決定的。一個人內心滿足與否，取決於他的情感、欲望和思想，外在環境對人只發揮了間接調節的作用。這也就是為什麼相同的外在環境或外部事件，對兩個不同的人會產生不同的影響——即便是在無限相似的條件下，每個人都還是只活在自己的世界裡。

如何才能度過幸福的一生？

在本書中，我將從日常生活來談人生的智慧，也就是如何安排我們的生活，然後享受最大程度的快樂和成功。你也可以說它是幸福論，因為它將教我們如何幸福地度過這一生。

如果從完全客觀的角度來說（因為這個問題本身就不可避免地帶有主觀性），我們都會認為活著比死去還要好。可以這樣說，**我們眷戀生命，是因為生命本身的美好，而不僅僅是出於對死亡的恐懼**。並且，我們應該都不希望看到生命的結束。

至於人類的生活是否與生命的概念完全契合這一問題，眾所周知，在我的哲學體系裡給出了否定的回答。然而，關於幸福論的假設，這個問題卻必須從肯定的角度來闡述。在我主要著作《作為意志和表象的世界》的第二卷第四十九章已經指出，這個假設的前提本身就是錯誤的。所以，在闡述「幸福的人生」這個主題時，我不得不向我自己的哲學體系導向的更高級道德觀妥協。

我即將要說的一切，在某種程度上都是一種折衷。基於此，我表述的都是與生活息息相關的觀點，這其中便包含了這些觀點本身的錯誤。所以，這些見解具有的價值相對有限，因為幸福論這個詞語本身就是一種委婉的說法。並且，我也不敢說自己是完整的，**部分原因是這個主題無法窮盡；部分原因是我不想重複別人已經表達過的觀點。**

我記得有一本卡當[1]寫的《化弊為利》很值得一讀，它與我寫這本箴言書的目的類似，可作為本書的補充。亞里斯多德在他的《修辭學》第一冊第五章裡，也有小部分關於幸福論的論述，內容並不詳盡。鑑於編輯（別人的觀點）並非我的工作，而且在編輯過程中可能會導致個人觀點偏離，而個人的觀點卻往往是這類著作的核心，所以我沒有沿用前輩們的著作。

實際上，**不同時代的智者說的都是同樣的東西；可惜所有時代的愚者們總是占了壓倒性的大多數**，總是以他們的方式一意孤行，總是和智者們的教誨唱反調——這種情形只會周而復始地持續下去。恰如伏爾泰所言：「來來去去，世間永遠愚蠢又邪惡。」

1 義大利醫學家、數學家。

想要幸福，你必須知道的三個終極真相

亞里斯多德把人生的幸福分為三類——身外之物、人的靈魂和人的身體。現在，我們只保留他的三分法，我認為決定人類命運的根本差別，取決於以下三項不同的內容：

第一、人是什麼：可以用「個性」一詞來概括，廣義的個性包括了健康、力量、外貌、氣質、道德品格、智力和教養。

第二、人有什麼：即外在財產和一切占有物。

第三、你在他人的眼中是什麼：人向外界呈現出的樣子，也就是人們是如何看待他的；而他人看法則是基於這個人已經獲得的榮譽、社會地位和名聲而來。

我與他人為什麼不同？

人與人之間的差異，首先是由大自然決定的。

由此不難推斷，財富或是他人的眼光不過影響了人們對生活的規畫和安排而已。「人是什麼」這個問題，才是影響人類幸福與不幸的最大關鍵。

一個人身上真正的優點，如偉大的頭腦或者偉大的心靈，和那些特權等級或高貴的出身一對照，就像是現實中的國王和舞臺上扮演的假國王一般，有著雲泥之別。伊比鳩魯[2]最早的門徒邁特羅多魯斯，在他的一篇文章標題中也這樣表達過：「得於我們自身的幸福，要比我們從外界獲取的更偉大。」

幸福的首要因素，甚至，一個人此生存在的主要意義，是由他的內在機制決定的，這是既定事實，也是他內心是否感到滿足的直接根源；**一個人內心滿足與否，取決於他的情感、欲望和思想的共同作用**，外在環境對人只發揮了間接調節的作用。這也就是為什麼相同的外在環境或外部事件，對兩個不同的人會產生不同的影響——**即便是在無限相似的條件下，每個人都還是只活在自己的世界裡。**

人通常容易只著眼於自身，最能直接理解的是自己的想法、感

2古希臘哲學家，無神論者。

受和意志，**外部世界只有在與個人的生活產生關聯時，才會對人產生影響**。人們用自己的方式來塑造並觀察世界，世界由此為不同的人而呈現出不同的樣子——可能對這個人來說，世界是空洞乏味流於瑣碎的；對另一個人而言，它卻極有可能是豐富有趣充滿意義的。

每當人們聽到某個人談論他經歷的趣事時，許多人最先會希望同樣的趣事也能發生在自己的生活中，但這其實只是別人有本事把一件事表達得活靈活現而已。在智者看來一場饒有趣味的冒險，對於一個感受力貧弱的普通人而言，則可能由於司空見慣就忽略過去了。舉個例子，歌德和英國詩人拜倫取自現實主義題材創作出美妙的詩歌，愚蠢的讀者可能會嫉妒，為何這麼多令人欣喜的事情都發生在詩人身上？卻忘了詩人才華橫溢，能化腐朽為神奇，才是值得羨慕的。

同樣的，氣質憂鬱的人覺得是場悲劇的事情，到了樂觀開朗的人那裡，說不定就只是一次頗具戲劇性的衝突，而對於天生冷漠的靈魂來說，則可能什麼意義都沒有。要意識到並且可以欣賞每一個事件，必須結合主觀和客觀兩方面的因素，就像水裡的氧元素和氫元素那樣緊密地結合在一起。同樣的經歷，**即便是在客觀或外部因素完全一致的條件下，主觀的個人感受也不一樣，換句話說，不同的人就會看到不同的風景。**

世界上最美好的所在讓遲鈍的人來欣賞，他也只能看到一幅乏味的現實圖景，十分枯燥——恰如一處美好的景致遇上了陰暗的天氣，或是透過一個壞了的相機鏡頭去看，總之是白白辜負了美景。簡單來說，**每個人都被禁錮在自己的意識局限之中，無法跳脫出來，超越不了自己，外援對他的幫助也不大。**

痛苦面前，人人平等

在舞臺上，有人扮演王子，有人扮演大臣，有人扮演僕人、士兵或是將軍，這些都只是外在身分上的差異——所有這些人物的核心是一樣的，不過是個可憐的演員，對自己的命運充滿了焦慮。

生活中也是一樣。雖然社會地位高低、財富多寡決定了人們扮演不一樣的角色，但這絕不意味著內在的幸福和滿足會因此有所不同。身為區區凡人，誰都有煩惱，在痛苦面前人人平等。儘管煩惱的原因各不相同，呈現的形式或需要承受的強度有所分別，但煩惱的本質卻是一樣的，與一個人在生活中必須扮演的角色並無太大關聯。

存在或發生的一切只出於我們自己的意識，對一個人來說，最本質的東西就是意識的結構，這比形成意識內容的外部環境重要得多。想想塞萬提斯[3]在暗無天日的監獄牢房裡，就能寫出偉大的《唐吉訶德》，那想像力多麼驚人！再看看一個遲鈍愚昧的人眼中所謂「世上所有的榮耀與喜悅」，又是多麼地可憐可笑！**現實生活中客觀條件的部分由命運決定**，情況不同，形式也不同；**主觀的部分則掌握在我們自己手中**，本質不變，就是我們自身。

每個人的人生都帶著個性的烙印，不論他的外部環境發生什麼變化，萬變不離其宗，**沒有人能夠超越自己的個性**。

例如動物，無論將其置身於何處，牠都無法擺脫大自然早已為牠設定好的狹窄範圍。如果我們想逗寵物開心，那麼就要在寵物能感知

3 西班牙小說家、劇作家、詩人。

得到的範圍內，遵循它的天性寵愛牠。

人也是一樣，個性決定命運，你是什麼樣的人，你就獲得什麼樣的幸福。**精神的力量尤其能幫助人們領略更高層次的幸福快樂**。自身精神力量如果不夠強大，即便是在親朋好友或是財富這些外界的幫助下，能獲得的快樂也相當有限，只能獲得夾雜著動物性、流於俗套的快樂——例如只能享受感官的樂趣、低級粗俗的消遣，能感受到的最佳樂趣充其量也不過是平庸的家庭生活而已；就連最能開拓人類視野的教育都發揮不了太大作用。

不幸福只是因為你「感覺不幸福」

我們年輕時幾乎意識不到的一點是，**最高級最豐富且最持久的樂趣源於思想，思想力量的強弱決定了樂趣大小**。人生的幸福在很大程度上取決於我們是誰以及我們的個性；財富或命運通常只是意味著我們有什麼，或是別人以為我們有什麼。**如果我們真的內心富足，就不**

會過於期待改變命運，就好像一個傻瓜永遠只是一個傻瓜，即便是到了人生的彌留之際；即便那時他身處天堂，也依然只是一個無聊的傻瓜而已。這也是為何歌德在他的《西東合集》中告訴大家，只有個性才是人生幸福的要素：「普羅大眾，無論貴賤，唯個性是福。」而諸如「餓了就覺得什麼都好吃」、「當你老了，年輕時的激情將不復存在」一類的諺語，或是耳熟能詳的那些天才、聖人們的生活，這些日常經驗也都在告訴我們，**人生是否幸福主要還是由主觀意識來判斷**，主觀因素遠比客觀條件重要得多。

寧做健康的乞丐，不做病懨懨的國王

健康比什麼都重要。所謂寧可做健康的乞丐，也比做病懨懨的國王快活得多。性情樂觀、體格健康、充滿活力、溫文爾雅、有良知、能夠洞察事物的本質，這些都是地位或財富無法彌補或取代的優勢。

別人無法給予也無法奪走，即使孤身一人時依然伴隨著你的，是你的本性——**「你自己」是最本質的，比任何外在財富或是別人怎麼看你更重要。**

對一個本身就很無趣的人來說，任何消遣，無論是社交聚會，還是看戲、出遊，都無法驅逐新鮮過後的無聊感。而**一個精神世界豐富的人就連在獨處時，都能在他自己的思想和想像中自得其樂。**

一個溫和善良的人，即便是在貧困的環境中仍能感到深刻的幸福；而一個貪婪、善妒又惡毒的人，就算他是世上最富有的人，也依然無法避免痛苦不堪。不僅如此，普通老百姓所追求的大部分樂趣，對那些能夠樂此不疲地享受智力帶來的樂趣的人來說：實在無足輕重，甚至會被視為麻煩或負擔。賀拉斯[4]在談到自己時就說：「即使生活中大部分花俏的東西都被剝奪了，人們也照樣能活得很好。」而當蘇格拉底看到各式各樣的奢侈品時，他驚叫道：「原來這世上竟有如此多我不需要的東西！」

人生幸福最本質的元素在於我們是什麼，即我們的個性，只有個性才能在任何環境中持續發揮作用。個性不是命運的競技遊戲，也

4 羅馬帝國奧古斯都統治時期著名詩人、批評家、翻譯家。

無法被奪走；**與外在財富或別人的看法相比，個性被賦予了絕對的價值**，所以僅僅依靠外在手段去征服或是支配一個人十分困難。

人生只需量力而行

當然，「時間」是我們最強大的對手，人的生理優勢和精神優勢都會隨著時間的推移而消磨殆盡，**唯一可倖免的只有人的品性**。這樣看來，時間雖然具有毀滅性的影響，卻不能剝奪外在的財富與別人對我們的看法，因為它們是自然界或外部世界的客觀存在，至少每個人都有可能得到它們；相較之下，除非透過某種神授的權力，主觀性的東西我們的確更難獲得——主觀性的特性對於人生而言就是持續不變的、不可剝奪的、不可抗拒的宿命。所以歌德在詩中說道：「出生之際，命運就已分配完畢，不可更改，人只能沿著星象預示的軌跡前行。」而預言家和先知們也這樣宣告，**人永遠無法逃離既定的命運之軌，即使是時間的力量也無法改變這一點**。

我們唯一能夠做到的事情是，**最大限度地利用我們所具有的個人品質，並遵循符合個人品質的方向去追求發展**，避免其他的情形，再選擇最適合我們個性的人生位置、職業和生活方式。

試想一個天生力大無窮的人，卻迫於環境壓力從事了一份需要久坐不動的職業，例如做一些非常細緻的手工活兒，又或者從事他所不具備優勢的科學研究和腦力勞動，也就是說，他要被迫放棄原來最擅長、現在卻無用武之地的力量——這樣的人生如何能幸福？

對一個智商高的人而言，智力就是他的財富，他卻不得不棄之不用，去做一份根本用不著智商的工作，例如一些他根本力所不能及的體力活兒，這又該是多麼可悲？我們一定要警惕這種情況，尤其當你年少氣盛時，更要避免這樣的生活陷阱，千萬不可疏忽，**不要好高騖遠去從事我們力不能及的工作。**

幸福的本質在於「人」，那麼**集中精力保持身體健康、培養能力，無疑要比一心累積財富更明智**，但千萬不要誤以為我們就應該忽略對生活必需品的獲取。**財富這個詞本身的意義是「過剩」，這對提**

升幸福感幫助不大——許多富人感覺不幸福，是因為他們精神思想很貧乏，沒有真正的文化或知識，對事物沒有客觀的興趣和見地。

財富帶來幸福，也會打擾幸福

在滿足我們日常生活所需之外，財富對人生幸福的影響相當之小，甚至可以說財富會打擾到幸福——為了守護財產，不可避免地會耗費我們許多精力，不得安寧。即便如此，致力於追求財富的人，還是要比追求思想文化的人多上豈止千百倍。許多人像螞蟻一樣勤勞，從早到晚為賺錢奔波、費盡心思鑽營，除此之外對人生一無所知，頭腦空空、渾渾噩噩——**那些高層次的精神樂趣他們享受不了，只能徒勞地放縱自我，付出昂貴的代價追求轉瞬即逝的快感**。倘若此人足夠幸運，透過努力最終掙到錢，然後留給後人繼承——家產要嘛被發揚光大，財富越來越多；要嘛就是被繼承人奢侈浪費揮霍一空，將他奠定的家底全部敗光。像這樣的人生，儘管算得上是認真務實、艱苦創業，但也還是和其他那些渾渾噩噩的人生沒什麼兩樣，不過是在追求一個可笑又浮誇的結局而已。

一個人內在擁有的東西，是決定他幸福與否的關鍵。

身外之物對幸福的影響太微弱，大多數無須為生計發愁的人們由於內在貧乏，和那些生活在底層、為生計奔波勞碌的人們一樣感覺不幸福。他們頭腦空洞、想像力貧瘠、精神空虛，只好與跟自己相似的人為伍，正所謂「物以類聚，人以群分」——他們聚在一起追求消遣娛樂、縱情感官享受，最後以荒唐告終。含著金湯匙出生的紈綺子弟窮奢極欲，通常會在很短的時間內把錢財揮霍一空，敗家速度令人瞠目結舌，原因何在？**簡單來說，就是因為空虛無聊。**他一誕生到世間就被賦予了外在的富有，但同時內在又是貧窮的，當他試圖用外在的財富去彌補內心的不足時常常徒勞無功，就像一個衰朽的老頭，奢望透過財富換取已經退去的力量。所以，**內在貧乏的人，到最後連外在的財富也都會失去。**

至於外在財產的價值和他人的看法這兩項的意義，我無須特別強調。財產的價值是世人公認、家喻戶曉的，根本不需要廣而告之；與之相較，他人的看法似乎沒有外在財產那麼重要，意義相對虛無縹緲些。即便如此，大家還是為了有個好名聲而努力著。社會地位是那些服務於國家政府的人最嚮往的；至於聲望，實際上去追求它的人則更稀少。

一般來說，人們把名譽視作無價之寶，而聲望顯赫則是人能獲得的最珍貴的恩賜，彷彿是被上帝選出來的人才能獲得的金羊毛。**只有傻瓜才會不愛財富只追求地位，財富和地位實際上互為因果。**佩特羅尼烏斯[5]說過：「一個人所擁有的財產，決定了這個人在他人眼中的價值。」如果這句話是正確的，那麼反過來，他人的肯定與讚賞，常常會幫助我們得到想要的。

5 羅馬貴族，在晚年發動宮廷政變，當上西羅馬帝國皇帝，旋即被殺。

第1課 人是什麼？

生命中的幸與不幸，與其說是取決於我們遇到了什麼，還不如說是取決於我們與它們相遇的方式。一個人是什麼和他本身固有什麼，意即一個人的個性，最直接影響到其幸福和財富。生命中的每一個時刻，或多或少，都不斷受到個性左右。而來自其他方面的影響卻是暫時的、偶然的，甚至轉瞬即逝，並且還受到各種機遇和變數的制約。

你的幸福感為何越來越少了？

我們已經知道，一般來說，「一個人是什麼」，比「一個人有什麼」和「他人是如何看待他的」，更能給他帶來幸福。

一個人是什麼、他自身有什麼，始終是我們需要考慮的頭等大事。個性如影隨形，我們所經歷的一切都帶著個人色彩。各式各樣的樂趣，不論是什麼性質，都得由我們親自來體驗——肉體上的樂趣是如此，精神上的樂趣更是如此。

英語中有一個短語「to enjoy oneself」（好好享受），十分生動恰當。例如我們會說「他在巴黎很享受」，而不說「他享受巴黎」。對於一個個性很差的人來說，所有的樂趣都猶如膽汁逆流；嘴巴很苦時喝到的美酒，全變了味。

生命中的幸與不幸，與其說是取決於我們遇到了什麼，還不如說是**取決於我們與它們相遇的方式**，意即，取決於我們易感的類型和程度。一個人是什麼和他本身固有什麼，意即一個人的個性，最直接影響到其幸福和財富。除了個性本身帶來的影響長久不衰，任何其他間接因素所造成的影響都可以被中和抵消。這也就是為什麼**因個人的特性所激起的嫉妒是所有感情中最難緩和的**，而且嫉妒還是隱藏得最深的感情特質。

意識結構，對於我們的所作所為，影響最持久，甚至是永恆的。**生命中的每一個時刻，或多或少，都不斷受到個性左右。**而來自其他方面的影響卻是暫時的、偶然的，甚至轉瞬即逝，並且還受到各種機遇和變數的制約。就像亞里斯多德說的：「金錢總有散盡之時，唯有性格始終不渝。」

正是出於同樣的原因，比起源於自身性格缺陷而導致的不幸，我們更容易承受完全來自外部的災禍；因為運氣總是會改變的，而個性卻不會變。

我們內在的美好素質，如高貴的品性、傑出的智力、良好的氣質、樂觀開朗的精神以及健康的體魄，一言以蔽之：**身心健康，就是幸福的首要關鍵。**我們應當致力於提升並保持這些品質，而不是專注於占有外在的財富和榮譽。

在上述所有的品質當中，最能直接帶給我們幸福感的莫過於開朗愉快的心境。它猶如暖流一般汩汩淌過，令人四體通泰、神清氣爽。樂觀的人總有理由感到快樂，也就是說，他本就是一個快樂的人，堪稱天賦異稟。一個人或許年輕英俊又富有，並且受人尊重，但說到幸不幸福，就要問問他是否快樂。如果他心情愉快，那麼，是年輕或是年邁、是身姿挺拔抑或彎腰駝背、是貧窮還是富有，又有什麼重要的呢？反正他就是幸福的。

早些年的時候，我曾在一本舊書中發現了這句話：**「若你笑口常開，那你就是幸福的；若你常以淚洗面，那你就是不幸的。」**這無疑是一句非常質樸的話，但正因為它如此簡單樸素，我才從未忘記，即使它簡直算得上是個不言而喻的老生常談。

如果快樂來敲門，我們就應當打開大門來迎接它。快樂絕不貿然，更不會不合時宜——可惜我們通常沒有這麼做，我們總是在遲疑要不要讓它進來，總想確認我們的快樂和滿足是不是理直氣壯，又擔心精神的愉悅會妨礙嚴肅的思考或其他重要的事情。

快樂是一種即時的幸福，現在就能使我們直接感到愉悅，而不只是一張存在銀行有待兌現的支票——這簡直是我們生而為人所能獲得的最大恩惠了！要知道，我們的存在，不過是永恆的生死兩端中，最短暫的瞬間而已。

一定要快樂、一定要設法更快樂，這正是我們努力追求幸福的最高目標。

任何事都不值得你犧牲健康去追求

現在我們都知道，財富並不能帶來多少快樂，唯有身體健康才能快樂。

那些所謂的「勞動人民」，尤其是生活在鄉村的人們，身強體壯，他們的臉上常常洋溢著喜悅的滿足。反倒是那些非富即貴的人士，看起來臉色蒼白、神情憂鬱煩悶。所以我們每個人都應該試著盡全力獲得並保持良好的健康，在「健康」的土壤上才能開出「快樂」的花朵。

一個人應該做些什麼才能維持健康的體魄呢？我的建議是**避免各種放縱或不節制；避免一切劇烈的、不愉快的情緒；避免精神過度緊張**，並且常在戶外做日常鍛煉、洗冷水浴等。

缺少適量的日常鍛煉，就談不上健康——保持生命機能的正常運作需要日常鍛煉，是因為人體各個器官本身也需要得到鍛煉。正如亞里斯多德所言：「生命在於運動，運動就是生命的本質。」

身體內部本身就在持續地運動著：心臟，在複雜的收縮和擴張過程中，強勁而不知疲倦地跳動著；血液透過每二十八次的心跳，從動脈、靜脈和毛細血管被輸送到全身；肺像蒸汽機一樣不中斷地換氣；腸道則永遠在蠕動；各種腺體也總在持續吸收和分泌；甚至連大腦，伴隨著我們每一次脈搏的跳動、每一次的呼吸，就完成了它自身的雙重運動。

大多數人習慣懶散，一點兒鍛煉也不做，這會讓身體外表的靜止與內部新陳代謝之間，出現明顯而致命的失衡。身體不間斷的內部運動需要一些外部的運動來與之對應，一旦缺失，我們就不得不相對壓抑沸騰的情緒。就算是一棵樹，如果想要茁壯成長，也必須經受大風洗禮才行。

請謹記這個法則：**不運動，不成活。**

幸福究竟有多依賴於我們的精神，又有多依賴於我們的健康狀況呢？來對照一下，當我們身體健康、心情愉快時，以及心情壓抑、健康堪憂時，同樣的外部環境或事件對我們造成的不同影響，一切就很清楚了。

讓我們感到幸福或不幸的事物所具有的意義，並不是由它們本來的面貌決定，而是取決於我們如何看待它們。正如愛比克泰德[6]曾說過的：「人並不是被事物本身所影響，而是被他們自己對事物的看法所左右。」

總而言之，**幸福十之八九都有賴於健康**。有了健康，一切事物都是歡樂的源泉；失去健康，就再沒有任何事令人感到愉快；甚至那

6 古羅馬新斯多葛派哲學家。

些生而為人的恩惠，例如偉大的頭腦、歡快的氣質，都將因為缺乏健康而黯然失色。這也就是為什麼人們互相問候時，總是掛念彼此的健康，並祝願身體健康——良好的健康的確是人類幸福的頭等大事。由此可見，**最愚蠢的事就是犧牲自己的健康，去追求任何其他一時的快活。**不論是為了利益、升遷、學問還是名氣，甚至為了轉瞬即逝的感官樂趣糟蹋自己的健康，都是愚不可及的行為。所有其他的一切都應當為健康讓路才是。

樂觀和美貌能讓你更幸福

健康固然能在極大程度上帶來快樂的心情，但快樂的心情並不完全依賴於健康——一個人可能身體十分強健，但同時又擁有多愁善感的憂鬱氣質，看待問題時，通常還是會妥協於悲觀的想法。

我們發現這種情形毫無疑問根源於與生俱來的、不可改變的體質，或多或少可表現在一個人生命力和感受力之間的關係上。

感受性異常會導致精神情緒無法平衡，**氣質憂鬱的人就算時不時奔放縱情，仍然會週期性地頹廢消沉。天才都是些神經質或者說過分敏感的人**——正如亞里斯多德已然非常正確地指出：「在哲學、政治、詩歌或藝術方面出類拔萃的人，似乎都是些多愁善感的人。」西塞羅[7]在他的文章裡也說：「亞里斯多德說過『智者多慮』。」而莎士比亞則在他的《威尼斯商人》中，用下列幾行字精妙地描述了與生俱來的氣質之間，那根本性的差異：

老天一早造出來的人啊，真是無奇不有；
有的人老是笑咪咪的，就像鸚鵡見了蘇格蘭風笛手；
有的人終日皺眉苦臉鬱鬱寡歡，
即使涅斯托發誓說那笑話很可笑，
他聽了就連露一露牙齒、裝出一個笑容來都不肯。

柏拉圖將性格隨和與刁鑽的人做了一個區分，為了證明這種區分

7 古羅馬著名政治、演說、雄辯、法學及哲學家。

的合理性，他提出，不同的人對愉快和痛苦所表現出來的感受程度也不同。

可以這麼說，**一個人對不愉快的印象感受力越強，那麼對愉快的感受力則越弱，反之亦然**。倘若一件事變好或變壞的概率完全一樣，抑鬱型的人通常會因為問題的結果也許是不利的，而感到不安或難過，卻不會想到結果也有可能是皆大歡喜而放鬆精神。

抑鬱型的人十件事情即使做成了九件，他也不會感到高興，只會為了那一件失敗的事情坐立難安；但樂觀型的人只要有一件事做成了，就會成功地從中找到安慰，並保持愉悅的心情，**因為百分之百的壞事實際上並不存在啊**。

悲觀的人所面臨的不幸和痛苦，很大程度上是更富有想像力的，他們誇大了不幸和痛苦，因此比那些無憂無慮的人活得更不真實、更焦慮。對一個把什麼都看成是黑色的人來說，糟糕的狀態是持續的，他無法像有些人一樣，凡事願意看到事物的光明面，而只會頻繁地對這個世界感到失望。當來自神經病理的影響或者消化器官紊亂，誘發出一種天生憂鬱的傾向時，這種傾向可能會達到「因長期的苦惱產生對生活的消極厭倦」這種嚴重的程度。

因此，甚至是最瑣碎、最讓人不愉快的小事，也可能導致實質性的自殺傾向增加；不但如此，這種自殺的傾向有可能是從最糟糕的形式中誘發出來的，可能只是被平常的事偶然觸發——患有憂鬱症的人也許會僅僅只是因為長久以來的不快樂，便下決心結束自己的性命，然後冷靜而堅決地實施自殺。

正如透過觀察患者看到的這樣，當他處於監管之下時，急切地等待著抓住第一個無人監管的時刻，到那時沒有顫抖、沒有掙扎，也沒有退縮，他會使用當下最自然、最能接受的方式來實施自己的解脫。甚至是最健康的，也許甚至是最快樂的人，當置身於特定的情形下時，可能也會執意尋死——例如，**當他承受的苦難，或他對某些不可避免的不幸的恐懼，壓倒他對死亡的恐懼時**。

唯一的區別在於，一個天性樂觀的人，可能需要程度更高的苦難才會導致自殺傾向；而對一個憂鬱的人而言，只需程度低的苦難就可能引發自戕。越是悲觀的人，對誘發自殺傾向的苦難程度的要求就越低；最後，它對苦難程度的要求可能降至為零。但如果一個人本身是快樂的，而且有良好的健康支撐著他的精神狀態，除非是不得已的極端情況，否則他不會想要結束自己的生命。這兩種自殺的極端在比例上有著巨大的差別，天生憂鬱的人自殺人數極多，僅僅是因為病態的強化；而那些健康快樂的人自殺，則完全是來自客觀世界的原因導致他們想要輕生。

美貌也和健康相關，可以看作是一項個人優勢。儘管它可能並未直接影響我們的幸福，但是**美貌可以給別人留下深刻的印象，間接地為幸福做了貢獻**。甚至對男人而言，長相英俊也不失為一項優勢。

美貌是一封公開的推薦信，讓人更受青睞。所謂天生麗質難自棄，正如荷馬[8]在他的著作中所言：「美貌是只有神祇才有資格贈予世人的禮物，不可小覷。」

[8] 古希臘時期盲眼詩人，代表作為《荷馬史詩》。

幸福人生的兩個大敵——痛苦和無聊

對生活稍做考察就會發現，人類幸福的兩大死敵，是痛苦和無聊。我再補充一下，當我們夠幸運逃離了痛苦和無聊兩者其中一端時，我們就更接近了另外一端，**也就是說免得了痛苦卻免不了無聊，反之亦然**。實際上，生活就像鐘擺一般，在這兩端之間或激烈或溫和地來回搖擺——要嘛痛苦，要嘛無聊，反正總有一項逃不掉。

究其根源，痛苦和無聊是一種雙重對立的存在，一是外部的或客觀的，一是內在的或主觀的。**匱乏的環境和貧窮會導致痛苦；而一個人衣食無憂，那麼他就會無聊**。因此，當下層人們迫於生計而疲於奔命時，換句話說，為擺脫痛苦而掙扎，上層階級的人們則和無聊展開一場曠日持久，且時常陷入絕望的苦戰。

內在的、主觀的對抗基於這樣的事實：就個體而言，對於痛苦的感受性與對無聊的感受性成反比，這是因為感受性與精神或是心靈的力量直接相關。讓我來這麼解釋，可將此作為一條法則，所謂感受力遲鈍，就是沒有任何刺激物可以影響一個遲鈍的頭腦的神經，簡而言之，這是一種無論痛苦或焦慮的程度多深、多可怕，感受都不會太深的麻木氣質。

麻木遲鈍是一種擺在臉上、印在心底的空虛狀態——人們對外部世界發生的一切瑣碎的事情，表現出不停的強烈的關注，同樣也暴露了他們內在的空虛。**這就是無聊的真正根源——內心空虛的人為了尋求刺激，不斷用各種無謂的東西充塞大腦和心靈，單調又乏味。**為了打發時間，他們可謂毫不挑剔、饑不擇食地追求各種五花八門的社交、消遣和享樂；無所事事、蜚短流長的人也不在少數，結果自然都是以痛苦告終。這樣的不幸只能靠內在的力量，意即精神財富來抵禦。**精神越是豐富，就越不會感覺無聊。**有活力的思想才是永遠不會枯竭的啊！它總能從自己的內心與外界大自然中探索出新的事物，並融會貫通——只要思想朝氣蓬勃、精神振奮（除了個別放鬆的時刻），就能避免感到無聊。

但在另一方面，**這種高度的智力樂趣源自於高度的感受力**。更強大的意志和激情相互交疊，一方面增強了情感的強度，加大了人對所有精神的甚至肉體的痛苦感受，同時也令人對於克服障礙更加不耐煩，對於被打擾更容易充滿怨氣；所有的情感都被想像力給放大了，包括不如意在內。不論智力程度和思想能力如何參差不齊，從最傻的笨蛋到最偉大的天才，都適用於以上所述。

人，要嘛孤獨，要嘛庸俗

無論是從主觀還是客觀來說，人總是在苦難的兩端來回搖擺，越是接近某一端，距離不幸的另一端就越遠。所以，人的自然天性會引導他，調整自己的客觀世界，盡可能地與主觀世界相一致；意即，**人會採取最強硬的措施，來對抗他有可能遭受的不幸。**

睿智的人會從痛苦不安中爭取自由和閒暇，追求安寧、簡樸、盡可能不被打擾地生活。所以，**一旦對人或者人性有了認識與了解，他就會回歸質樸**；倘若他是一個具有大智慧的人，甚至會選擇離群索居。因為**一個人自身擁有越多，想從他人身上獲取的東西就越少，他人對他而言幾乎沒有意義**，這也就是為什麼一個具有高度智力的人通常是孤僻的。倘若智力的品質可以用數量來彌補，那麼倒也值得活在芸芸眾生之中；但不幸的是，**一百個傻子也湊不成一個聰明人**。

處於痛苦另一端，那些智商不夠、情商不足的人，一旦從貧困的痛苦中稍稍解脫出來，就會不惜任何代價去爭取消遣和社交；縱情人生，只為了逃避一旦獨處，自身固有的東西就會顯現出來。

徒有其表的愚人們，背負著自己那低劣可憐的自身，無法擺脫只能哀嘆；而那些有才能的人，即使身處荒野之地，仍有生氣勃勃的思想相伴。

塞內卡[9]宣稱的「愚蠢是愚蠢自身的包袱」是一句真理，與耶穌所說的「愚人的人生比死亡更糟糕」如出一轍。總之，**一個人對與他人交往的熱衷程度，和他的智力水準成反比**，越是智力平庸且比較粗俗的人越是喜歡社交——人生要嘛孤獨，要嘛庸俗，人活一世可以選擇的其實並不多。

9 古羅馬時代著名的科爾多瓦斯多葛學派哲學家、政治家、劇作家。

把無聊當口頭禪，是因為無知

如果將大腦及其意識視為一種人體器官的寄生物，寄居在人的身體中，那麼閒暇就是一個人可以用來盡情享受大腦反映的自我意識或個性的時光，是平日忙碌辛苦掙來的果實。

但是大多數人在閒暇時做了什麼呢？要嘛發傻瞎胡鬧，要嘛倍感無聊和空虛。透過觀察人們打發時光的方式，我們就知道閒暇對於那樣的人而言簡直毫無價值！正如亞里斯多德所言：「無知的人虛度光陰，多麼可憐！」

普通人只想著如何打發他們的時間，而稍有天賦的人會想著如何好好利用自己的時間。平庸的人更容易感到無聊的原因是，**他們的智力不過是受意願驅動；而一旦沒有了外界的刺激，意願休息了，他們的智力也就放假了**——因為智力和意願一樣，都需要借助一些外在事物來促使發揮其作用，而不會主動活絡起來。人的力量因此停滯鬱積，這就是無聊。

為了化解無聊這種令人痛苦的感覺，人們轉向追求可以帶來片刻歡愉的瑣事，以期藉此喚醒意志力，並啟動沉睡的智力。但與真實而天然的動機相比較，這就像紙幣之於鑄幣——紙幣不過是鑄幣的象徵符號而已，其價值是隨意的。例如紙牌之類的遊戲。如果不玩這些遊戲，人們通常會無所事事，要嘛掰掰手指，要嘛有節奏地敲敲桌子，再不然就是點上一根雪茄代替思考。因此，在各國，打牌都是主流的社交娛樂方式，這完全是在宣告「我們精神空虛，思想已經破產」——人們根本無思想可經營、交流，只好打牌，並試圖贏得別人的錢，真是愚昧！

不過我可不想有失公允，一定要說的話，打牌也不失為一種演習，為了應付大千世界和以後的世俗生活而做的準備——因為一個人可以從中學習到**如何精明地利用偶然卻不可改變的手氣，盡可能從他人那裡獲取更多**：為了做到這一點，人必須得學會虛偽，學會如何在拿到一手爛牌的時候，仍擺出高興的樣子來迷惑對手。

打牌就是動用一切、不擇手段地贏取屬於別人的東西——在牌桌上學到的這種習性，會生根、發芽，並逐漸蔓延到日常生活中，使人覺得人生不過是場牌局，「我的」和「你的」只是遊戲概念而已；然後又想，只要不觸碰法律底線，我就可以最大限度地利用自己的優勢，去謀取我所需要的。這樣的例子在商業社會比比皆是。

正如我所說的，**閒暇是生命存在的花朵，更確切地說，是存在的果實**。只有閒暇可以讓一個人完全擁有屬於自己的時光。一個自身內在豐富多彩的人，在閒暇中才是最幸福的。看看大多數人如何消磨時光吧，這些沒出息的「好人」，庸庸碌碌，甚至對自己而言都是個沉重的負擔。

自由之子們，暗自慶幸吧！幸好你們不是出身貧賤，無須為生活所困。

你可能根本沒認清自己

就像富裕的國家無須依賴進口，自給自足，人民就能過上幸福的小康生活；人也一樣，**自身擁有豐足的精神財富，對外在物質需求甚少或是根本無所求的，才是最幸福的人。**因為進口的東西不但價格高昂花費不菲，又顯示了對外的依賴性，但凡需要仰仗別人，就有風險，頗為麻煩；而且，很多昂貴的舶來品，實際上不過是國產貨的劣質替代品而已。

總之，人們不應該期望從別人或外部世界獲得太多。**一個人對另一個人而言並沒有那麼重要——說到底，人只能靠自己。**就像歌德在他的自傳《詩與真》中所說的真理，「凡事溯本求源，人最終只能依靠自身」；或者如戈德史密斯[10]在《旅行者》中所言：「不論身在何處，我們只能在我們自身創造或發現幸福。」

自己，是一個人所能成為或所能得到的最好的、也是最多的資源。一個人在自身發現的樂趣越多，就越幸福。亞里斯多德說得十分有道理：**「想要快樂就得自給自足。」**[11]因為其他一切的幸福來源，在本質上都是不確定的、不安全的、短暫的，具有偶然性，即便是在最有利的條件下，也都不可避免地有可能輕易消失殆盡。

10 愛爾蘭詩人、作家與醫生。

11 語出《歐德謨倫理學》第七卷，第二章。——叔本華原注。

隨著年歲漸長步入老年，依靠外界而得來的幸福大部分會乾涸：屆時愛情消逝、懶得打趣，沒有精力重拾愛好，無論是對馬匹還是旅行，或是社交，都提不起勁；朋友和親人，也都隨著死亡一一離我們而去。當這樣的時刻來臨，一個人自身擁有的更顯得至關重要，時時刻刻如影隨形，**「自己」是幸福唯一真實且持久的來源**。

這個世界並非慷慨無私，我們能從中得到的東西並不多。**生活充滿了痛苦和不幸，就算你僥倖逃脫，無聊也會無孔不入**，即刻找上你。邪惡總能贏，愚昧最喧囂。命運是殘酷的，人類是可憐的。生活在這樣一個世界，自身內在豐富的人，彷彿是聖誕節時一間溫暖明亮的屋子，充滿幸福感；而內心貧瘠的人，只能是寒冬臘月的冰天雪地，無法擺脫苦悶。世間最大的幸福莫過於擁有豐富的個性，尤其是擁有良好的智力稟賦——儘管這可能並不會帶來最光明的前途，但一定是最幸福的命運。

除了一些道聽塗說，瑞典女王克里斯蒂娜女王唯一讀過的一篇笛卡兒的論文，了解到笛卡兒曾在荷蘭與世隔絕生活了二十年。年僅十九歲的女王非常睿智地這樣評價他：「笛卡兒先生是最幸福的人，我真羨慕他的生活。」[12]當然像笛卡兒這樣的情形，必須要有足夠優渥的外在條件，才能允許他成為他自己人生或幸福的主宰。就像我們在《舊約．傳道書》中讀到的：「智慧和產業並好。而且見天日的人，得智慧更為有益。」

被大自然和命運賜予了智慧的人，會小心謹慎地維持內在的幸福泉源暢通無阻——為了確保這一點，獨立和閒暇必不可少。為了得到獨立和閒暇，他會心甘情願節制欲望、珍藏自己的資源，不願像其他人一樣，讓自己的快樂受限於外部世界。所以，他不會被上司的期待、金錢，或同事的讚賞與掌聲誤導，不會讓自己妥協、去配合低級的欲望和庸俗的趣味。他還會遵照賀拉斯寫給梅塞納斯[13]的書信中的建議——**千萬不要犧牲自我的內在去換取外在，不要用一個人整個或絕大部分的安寧、閒暇和獨立，去換取榮耀、地位、頭銜和名氣，否則就是最愚蠢的行為**——歌德就是這麼幹的，而我則幸運地走了相反的方向。

12 語出《笛卡兒傳》第十章。——叔本華原注。

13 羅馬帝國皇帝奧古斯都的謀臣，著名的外交家，同時還是詩人藝術家的保護人。

我在此堅持的真理，意即人類的幸福主要源自內在。亞里斯多德的《尼各馬可倫理學》[14]透過大量精確的觀察也證實了，任何樂趣都需要有人去從事某種活動，或是運用某種力量，沒有這些前提就沒有樂趣。根據亞里斯多德的學說，**幸福在於能夠施展才能**；斯托堡[15]在他對逍遙派（即亞里斯多德學派）哲學的闡述中也說了：「幸福意味著充滿活力地做你擅長的事，並獲得預期的結果。」他特別說明，**「擅長」是指精通每一件需要運用長處和能力去做的事**。大自然賦予人們這些力量的原始功用，就是為了幫助人們能夠對抗他面對的困難。一旦這種對抗結束了，他的力量將沒有用武之地，反而成為負擔。所以人們最好是不帶任何目的性地使用這些力量，否則一旦避免了人類其他的痛苦，他們就會立即陷入另一種不幸，也就是無聊當中。財力雄厚的達官貴人們，尤其容易受到無聊的折磨。

---

14 參見《尼各馬可倫理學》第一卷，第七章，第十三、十四章。——叔本華原注。

15 馬其頓學者，以編纂古希臘文獻聞名。

沒有真正的需求，就沒有真正的樂趣

盧克萊修[16]在很早以前，就描繪過顯貴們悲慘的生活狀況。時至今日，那樣的狀況在大都市的日常生活中依然可以見到：

富人很少待在自家大廳裡，那樣會使他感到厭煩，可是出了門又會發現外面也沒多精彩，仍不得不回去；又或者彷彿房子著火了一般，他飛速前往鄉間別墅，可一到那裡，他就立刻呵欠連天，又覺得無聊了，只好倒頭大睡以求忘記一切，或者再一次從鄉村匆忙地趕回城裡。

這樣的人在年輕時，腦力常常趕不上他們旺盛的精力和過剩的體力。隨著歲月的流逝，他們要嘛完全喪失思想的力量，要嘛對任何可供他們發揮的事都力不從心，陷入悲慘的境地。當然他們仍保有意

16 羅馬共和國末期的詩人和哲學家，以哲理長詩《物性論》著稱於世。

識欲念這唯一不會衰竭的力量，並試圖透過玩一些刺激、碰運氣的遊戲，例如一擲千金的豪賭，來激發意欲，這簡直是最低級的惡趣味。當人們發現自己無事可做時，通常會選擇某種他擅長的娛樂活動來消遣，例如打球、下棋、狩獵、畫畫、賽馬、玩牌，或是欣賞音樂，或是研究詩歌、紋章學、哲學等。

我們可以把人們的興趣愛好作為外在表現，來進行系統歸類，並還原其根源所在，也就是三種基本的能力，所有樂趣都來源於此。撇開可促進能力發展不談，每個人都可以從這幾項能力中找到各自擅長的方面，並從中獲得相應的樂趣。

第一種是生命力，包括飲食、作息、消化和睡眠，也就是人體新陳代謝的能力為我們帶來的樂趣——在某些國家或地區，這一類的快樂甚至已成為某種全民娛樂。

第二種是發揮肌力獲得的樂趣，有時以體育運動的形式出現，例如走路、跑步、摔跤、跳舞、擊劍、騎車等，有時則在軍旅生活或是戰事中表現。

最後是情感，或說是感覺能力帶給我們的樂趣，例如透過觀察、思考、感受獲得的樂趣；或是品鑑詩歌和文化、音樂而來的樂趣；或是學習、冥想、閱讀、發明創造、哲學思索等帶來的樂趣，諸如此類。關於這些樂趣的價值、相對價值和持續性，還有許多東西可以講，但我留給讀者們補充。

逃脫困住你生活的「活死人墓」

大家都能看出，使用的能力越是高尚，所能收穫的樂趣就越是偉大。樂趣總是涉及個人力量的使用，**幸福就存在於一連串樂趣的重複中**。比起另外兩種基本的生理的樂趣，感覺（情感）能力帶來的樂趣占據了更高的位置——同樣存在於世，人類的感覺能力遠遠大於動物，使得人有別於其他動物，存在的地位更為高級。感覺的能力表現為精神力量，它使我們能夠獲得必須依靠思想才能得到的樂趣，也就是所謂的智力樂趣。可以說，**越有思想，樂趣越大**。

普通人對任何事情產生興趣，是因為這件事刺激到他的意識欲望，也就是說，對他而言這是一件有切身興趣的事。但是持續的刺激未必總是好的，也會帶來痛苦。例如打牌這項看似風雅的流行娛樂，就可以提供刺激，但也只能提供一些微小又短暫的刺激，讓那些真正且永恆的痛苦暫時得以麻痺——說到底，**打牌就是對意識欲念的一種隔靴搔癢**。

一個人若是智力發達，就能夠毫無雜念地對純知識方面的事物產生濃厚興趣。而且這樣的興趣對他來說才是必需品，有助於遠離痛苦，並感到身心祥和喜樂。

普通大眾的生活，讓人們醉心於各種滿足個人安逸的渺小福利，卻不得不對抗由此而生的各式不幸與苦難，曠日持久地掙扎其中；一旦停止為實際生活操勞，人們便被打回原形。而當你只能依靠自身內在時，人生就會被不堪忍受的無聊包圍，如同行屍走肉，只有瘋狂的激情才能稍微點燃死氣沉沉的生活。

被賦予了高度精神力量的人，過著思想豐富、多姿多彩、充滿了

生命活力和意義的人生，其自身就承載著最高尚的樂趣之源。他的頭腦只會被有價值、有趣味的事物所吸引，他想要的外界刺激來自大自然的鬼斧神工；來自對人生、對各個時代、各個國家的偉大成就的思索——只有這樣的人才能真正享受世上的傑作，透徹理解並深切感受到這些傑作的偉大之處；也只有對他來說，那些曾經偉大的人和事才真切地存在過；也只有他才感受到了它們的吸引，其餘的人不過是偶爾的過客而已，或一知半解，或道聽塗說。

這類聰明人的典型特徵還包括他們比別人多了一項需求，那就是對閱讀、觀察、研究、冥想和實踐的需求，**簡而言之，他們需要不被打擾的閒暇**。

伏爾泰說得好：「沒有真正的需求，就沒有真正的樂趣。」因為懷有需求，例如想要欣賞大自然的風景、文學、藝術等美好的事物，所以能享受樂趣；而對大部分人來說，即使被美景包圍，也視而不見，感受不到樂趣——這就好比是我們要如何期望一個老朽之人墜入愛河呢？簡直是徒勞的。

在思想智慧方面享有稟賦的人，除了日常的個人生活之外，還享受著精神的生活，並且逐漸將精神生活作為唯一的真正的生活——實際上，日常的個人生活不過只是一種生活方式，只是獲得精神生活的一種手段而已。

很多人過著淺薄、空虛和充滿麻煩的生活，甚至將這樣的一種庸庸碌碌視為人生目標。而那些**聰明的人，始終會把對精神的追求放在其他一切追求之上**：透過內在和知識的持續提升、增長，生活的境界逐步提高，越來越連貫，並具有恆久的強度與統一性，就像精心雕琢的藝術品逐漸成形。與之相較，**致力於追求個人舒適的人生，或許其寬度確實得到了拓展，卻無法加深深度**。可惜的是，這種所謂的「現實生活」對大眾來說就是人生的目的，眾人卻不知道自己終此一生，無非是做了一場可憐的表演。

每天的日常生活，若沒有激情驅動，就十分平淡乏味；而如果有激情，又很快會變得痛苦。只有那些思想稟賦超群的人才是幸運的，他們的智力超出了意識欲望所需，能夠**在日常生活之外，同時享有精**

神的生活，沒有痛苦且妙趣橫生。

享有精神生活，只依靠閒暇（意即，當智力無需由意識欲念來驅使的時候）是不夠的，必須要有真正充足的力量，並擺脫意識欲念的拘囿，才有資格從事純粹的精神活動。恰如塞內卡所言：「無知的玩樂也是一種死亡，相當於活死人之墓。」

根據每個人思想能力程度的不同，與之相對應的精神生活可以無限發展、沒有止境——小到蒐集昆蟲標本、觀察鳥類、研究礦石、硬幣之類，大至創作詩歌或哲學作品，收穫思想的最高成就。

精神生活不僅可以幫助我們避免無聊，還可以使我們免遭無聊的壞影響——將自己的幸福全部寄託在客觀外在世界的人們，必然會受到各種各樣的不幸、損失，甚至窮奢極欲帶來的影響，其中還包括交友不慎導致的煩惱。**唯有精神生活可以保護我們遠離這些危險**——例如，我的哲學從未給我贏得什麼，但它幫我節省了許多開銷。

人生兩大苦：物質匱乏，精神空虛

一般人把身外之物當作人生的幸福來源，希望從財產、社會地位、妻室兒女、朋友或是社會那裡得到幸福，所以當他失去這些東西，或是發現這些令他失望的時候，他的幸福基礎就崩塌了。換句話說，**這個人的人生重心，隨著每一次心血來潮不停改變，完全不在他自身**。倘若他是一個富有的人，就可能今天在鄉下別墅消磨時光；明天在買馬、或宴請朋友、或旅行——總之，他過著奢侈的生活，是因為他只能從追求外在樂趣中獲取滿足，就像失去健康的病人，期望在各種湯藥中重獲力量，卻不試著發展自身的生命力，而恰恰這才是他幸福的真正來源。

撇開極端的類型先不談，讓我們來看看比較居中的一類人——他們也許沒有傲人的思想力，但又比泛泛之輩要多一些精神的追求。一般來說，這樣的人會對藝術有一點業餘的興趣，或對科學的某些分支感興趣——例如植物學、物理學、天文學、歷史，能在這類研究中發現莫大樂趣——**當幸福的外在來源枯竭，或不能滿足他的時候，他會透過這些研究來自娛自樂**。像這樣的人，我們可以說，他的人生重心，部分在於他自身。但是，對藝術有淺薄興趣，與自發的創造截然不同；而對科學的業餘追求則容易流於表面，不能深入事物核心。

人不能把自己全然地等同於諸如此類的追求，也不能讓自己的整個人生完完全全被它們滲透、填滿，以至於對其他一切事物都失去興趣。唯有我們稱之為天才的那些人，擁有最高的智力水準與思想稟賦，方可達到這種強度，將其一生的時間和精力都耗在某個主題上；將對人生做的思索，以詩歌或哲學的方式呈現，力求表達對這個世界的獨特理解。因此，**對於天才來說，不被外界打擾地忙於自己的思想和作品，這樣的需求十分迫切**。他們樂於獨處，閒暇是求之不得的恩賜，其他一切都是多餘的，甚至是負擔。**唯有這類人的人生重心才可以算是完全在自己身上**。這些罕見的人，不論他們的性格有多優秀，都不會像其他人那樣，對朋友、家庭和一般的社會團體展現過多的熱情和強烈的興趣；**即便失去外在一切，他們擁有的自身內在，也會讓**

他們得到安慰。疏離和孤獨是他們的特質，尤其是當其他人從未真正切實地滿足過他們時，這種特質會產生更大的影響力。整體來說，這類人天賦異稟，也逐漸習慣了被當作異類游走在人群中，並在思考普通人性時，會使用第三人稱「他們」，而不是第一人稱「我們」。

由此看來，天生被賦予了精神財富的人就是最幸福的人。的確，主觀意識對我們的影響，遠比客觀事物的影響要大——不論客觀是什麼，都只能間接影響我們，而且還必須得透過主觀意識才能發揮作用。琉善[17]形象地表達了這一真理，即「靈魂的財富是唯一真正的財富，其他的財富都伴隨著更大的煩惱」。

內心富有的人對外界別無所求，他只要求保有不被打擾的閒暇，用來培養精神並完善智慧，進而享受自己的內在財富，**在生命中的每時每刻都可以做自己**。倘若他註定要在整個人類歷史中留下烙印，那麼對他來說，**幸福或者不幸福，只有一個衡量標準，那就是，他是否能夠完美地挖掘、發揮他的才能，並完成自己的傑作**，其他一切皆微不足道。

17希臘修辭學家、諷刺作家。

各個時代最偉大的人物，都將不被打擾的閒暇視作最寶貴的東西，其價值堪比一個人本身的價值。亞里斯多德說：**「幸福存在於閒暇中。」**[18]第歐根尼．拉爾修[19]則宣告：「蘇格拉底稱讚閒暇是最美好的財產。」在《尼各馬可倫理學》中，亞里斯多德總結說：「獻身於哲學研究的人生是最幸福的人生。」或者如他在《政治學》中所說：「任何力量，且不論這種力量是什麼，只要能得到自由發揮，就是幸福的。」[20]這一點和歌德在《威廉．邁斯特》中所說的一致：「天賦異稟的人註定要使用他的天賦，並從中獲得至高的快樂。」

但是尋常老百姓很難擁有不被打擾的閒暇，因為這並不屬於人的本性。普通人常見的命運，就是將生命耗在為自己和家人的生活奔波上——為了求生而掙扎度日的人，很難有什麼高尚的精神樂趣。基本上，**人們很快就會厭倦不被打擾的閒暇。如果沒有虛假的目標來促使其忙碌的話，這閒暇就會變成負擔**，人們只好用各種各樣的玩樂消遣或愛好來打發時間；到最後閒暇甚至反倒變成痛苦，就像某句諺語所言：「無所事事，就會躁動不安。」

18 語出《尼各馬可倫理學》第十卷，第七章。——叔本華原注。

19 羅馬帝國時代作家，生平不詳，以希臘文寫作，編有重要史料《哲人言行錄》。

20 語出《政治學》第四卷，第十一章。——叔本華原注。

當精神稟賦、智力程度遠超過一般人的水準時，看起來也會是不正常且違反自然的。但如果真的有這樣的人存在，那麼這個人就是幸福的，他反而會想要那種其他人認為是負擔、甚至是有害的不被打擾的閒暇，否則他就會像被束縛的雙翼飛馬佩加索斯一樣快樂不起來。

如果**外在的、不被打擾的閒暇，和內在的、偉大的智力稟賦，這兩個特殊的條件恰好湊在一起，剛好發生在同一個人身上，那可真是最大的幸運**。這個被命運如此眷顧的人，可以過上一種更加高級的生活，免遭人類兩大痛苦根源——物質匱乏和精神無聊——的折磨；不用再承受為生存而努力掙扎之苦，也不用忍受長時間的閒暇造成的無聊之感——人生這兩種痛苦唯有相互中和，人們才能擺脫困擾。

智慧越多越憂傷？

不過還有一些不同的說法。

偉大的智力天賦往往意味著異常敏銳的特質，會對各種形式的痛苦有著高度的敏感。這樣的天賦還意味著一種狂熱執著的氣質，對事物的認識更鮮明、更完整。伴隨而來的卓越的思考能力，和與之相匹配的更猛烈的感知能力，使他們的情感比普通人更為強烈，並深受其苦——對他們來說，世間痛苦遠甚於快樂。天資驚人的人極有可能疏遠其他人和他們所做的事，因為**一個人自身所擁有的越多，他從別人身上所能發現、得到的就越少**；對別人來說樂此不疲的事，在他看來都是淺薄無聊的。這也許是平衡法則四處發揮作用的又一佐證。

人們常常掛在嘴邊，一些似是而非的說法是，雖然思想狹隘的人，其命運並不令人羨慕，但實際上他們才是最幸福的人。我不打算在這一點上做出自己的判斷而影響讀者；尤其是索福克勒斯[21]已經就兩種截然相反的觀點做出評論。一方面，他說**智慧是幸福最主要的因素**；但同時，他宣稱**不思考的人生是最愉快的人生**。《舊約》中的賢哲們也同樣莫衷一是，例如，「愚人的人生比死亡更糟糕」、「智慧越多，憂傷越多」，或是「增長知識，徒增煩惱」。

21 古希臘劇作家，古希臘悲劇的代表人物之一，和埃斯庫羅斯、歐里庇得斯三人並稱古希臘三大悲劇詩人。

庸人測試

要我來說的話，一個沒有精神需求的人，智力平平、思想狹隘，這樣的人就是「庸人」（philister）——這起初是德語中的俚語，在學院中風行一時，後來從一種更高的意義來代指**沒有靈性的人**，也就是「不被繆斯女神眷顧的人」。我傾向於採取一個更高級的觀點，把庸人這個詞語運用到那些現實生活中庸庸碌碌的人們身上；但這樣的定義有點抽象，不太好理解，在今天旨在追求流行的論文中幾乎看不到。另外一個定義更容易闡述，指明了庸人的本質特性，意即，**一個沒有精神需求的人就是庸人**。

庸人沒有智力的樂趣——正如前面已經提到過的，沒有真正的需求就沒有真正的樂趣。庸人的人生，不會被獲取知識的欲望驅動，也不會受到對自己有利的洞察力的鼓舞，更不會去體驗身邊真正符合審美的樂趣。**倘若這種樂趣是時尚的，為了跟上潮流，庸人會強迫自己不得不去注意它們，但實際上他對此幾乎毫無興趣。**

庸人唯一真正的樂趣是感官的樂趣，他認為感官的樂趣可以彌補其他方面的損失。對他而言，牡蠣和香檳是生活的最高境界。他的生活目標就在於獲取所有能帶來安逸舒適的東西，如果這些事讓他忙得團團轉，那他反倒覺得無比幸福！

如果運氣好，出身豪富，無須自己辛苦打拚，這樣的人將無可避免地感到無聊；為了擺脫無聊，只好依靠各種補救方法，例如打球、看戲、聚會、玩牌、賭博、賽馬、沉迷女色、飲酒、旅行等。但這些都不足以保證不無聊，因為**沒有真正的精神需求，就不可能快樂。**

庸人的典型特徵就是空虛麻木、沒有生活重心，與動物類似。沒有什麼能夠使他真正感到愉悅或興奮，因為感官的樂趣很快會煙消雲散，世界轉眼就變得難以承受，甚至連打牌都令人厭倦。

幸好還有虛榮心帶來的樂趣終生相伴。庸人們要嘛是為自己在財富、社會地位、影響和權力方面高人一等而得意揚揚；要嘛，至少也要追隨著那些各方面都更顯赫的人，沐浴在他們的華麗榮光之中——英國人把這樣的情況叫作附庸風雅，而這樣的人，自然就是勢利眼。

庸人天生不具有智力需求，只有生理需求。他們傾向於找那些能夠滿足生理需求的人與之為伍。**他最不想要從朋友那裡獲得的，就是任何一種思想的能力**；若是不巧遇上了，這種思想的能力可能還會引起他的反感甚或憎惡——除了不愉快的自卑感之外，在他的內心深處還有著一種必須小心翼翼隱藏起來的陰暗嫉妒，這種嫉妒有時還會變成一種隱祕的怨恨感情。儘管如此，他依然不想提升自我價值，或是尊重卓越的精神思想；他依然會繼續追逐社會地位和財富，權力和影響力，對他來說這些才是世上唯一真實的好處，他希望自己能在這些方面勝過別人。這一切都是他身為一個人，卻沒有精神的需求導致的結果。

庸人最大的苦惱是對思想毫無興趣，為了逃避無聊，他們只能不斷地追求現實的東西。可惜現實要嘛不盡如人意——一旦窮盡，人就會感到倦怠；要嘛就是相當危險，禍害無窮。

而理念性的世界廣袤無垠，平靜如水，「超然於我們的憂傷」[22]。

[22] 在關於幸福涉及的個人素質、稟賦的討論中，我主要關注了人的生理和智力素質。關於道德對幸福的直接和間接影響，請大家參考我那篇獲獎論文《論道德的基礎》（第二十二節）——叔本華原注。

第2課

人擁有什麼？

一個人若是從未想過要得到某樣東西，那麼也就不會感到失去；而得不到想要的東西，才會使人倍感痛苦。每個人都期望得到更多，但格局限制了我們的視野，視野限制了我們的所得。我們之所以感到不滿，就是因為欲求越來越多，期望越來越高，卻總也無法企及，永遠不能滿足。

財富猶如海水，喝得越多越口渴

偉大的「快樂導師」伊比鳩魯，將人類的需求劃分為三大類。

首先是**必要的自然需求**，例如衣食住行這類比較容易得到滿足的需求，但若得不到滿足，就會產生痛苦。

其次，也是自然的需求，但並非必需，例如**某些感官的滿足**（在第歐根尼．拉爾修的紀錄中，伊比鳩魯並未提及他所說的感官意味著什麼，我會在此補充一些，對他學說的論述在某種意義上，將比其原文更為明確也更為準確）[23]，要滿足這些需求相對來說難一點。

第三類需求是**既非自然的也非必需的**，那就是對奢侈、鋪張或是浮華的無止境的需求，這類需求更是難以滿足。

人類對財富的渴望，到什麼程度才算合理呢？這很難界定。因為要滿足一個人對財富的欲望，無法用絕對或明確的數量來衡量，只能在一個人期待得到的財產和他實際擁有的財產之間，取一個相對的量。衡量一個人的幸福若是只看他擁有了什麼，而不結合他想

[23] 參見第歐根尼．拉爾修《哲人言行錄》第十卷，第二十七節，第一二七～一四九頁；以及西塞羅的《論善惡》i.,13。——叔本華原注。

要得到什麼一起參考，這就好比計算一個只有分子卻沒有分母的分數式，是無效的。

一個人若是從未想過要得到某樣東西，那麼也就不會感到失去，有沒有這樣東西，他都一樣高興；而**得不到想要的東西，才會使人倍感痛苦**。

每個人都期望得到更多，但格局限制了我們的視野，視野限制了我們的所得。如果有一個東西擺在眼前，並且看起來是在輕而易舉就能搆得著的範圍之內，我們就會很高興；但是如果中途困難重重，我們就會覺得苦惱。然而，那些**超出視野之外的東西則對我們毫無影響**。所以，富人們大把的錢財對窮人來說並沒有什麼影響，反倒是一個有錢人卻會因為某個希望落空，而無法從他的財富中得到安慰。**財富就像是海水，越喝越渴，名望也是這樣**。

為什麼失去財富、繁華過盡後，一旦最初的劇痛結束，人們很快就會恢復以往的習性呢？這是因為一旦命運減少了我們擁有的財富量，人們很快就會相應地減少自己對財富的索取量，降低了要求。

當不幸降臨的時候，減少我們的需求量是最痛苦的部分；但**當我們這麼做了，痛苦就會變得越來越少，直到毫無感覺，就像傷口慢慢癒合了**。反過來，若是好運當頭，我們的需求就會膨脹起來，快樂也因此應運而生。可惜這種喜悅的感覺持續不了多久，膨脹感一旦結束，喜悅也就戛然而止──我們習慣了已經擴大的外在需求，欲求越來越多，對已經擁有的財富就會不以為然。在《奧德賽》中有一篇文章說明了這個真理：「人們躊躇不定，就像人神之父賜予的白晝。」

我們之所以感到不滿，就是因為**我們的欲求越來越多，期望越來越高，卻總也無法企及，永遠不能滿足**。

人類的存在，完全根植於各種令人眼花撩亂的需求上，難怪我們重視財富勝過其他任何東西。取利益已成為人生唯一的目標，各位不必驚嘆；一切不能謀利的，都被踢到了偏僻角落──例如哲學，早就被聲稱信奉它的人扔到一邊去了。

人們常常因為渴望金錢、熱愛金錢勝過其他一切，而受到譴責。但實際上，人類天生就是熱愛金錢，這種熱愛是不可避免的。因為金錢啊，就像是不知疲倦的希臘海神，能夠滿足人類對一切物品的需求和各種欲望。其他的任何東西，一次只能滿足一個願望、一項需求：餓了才需要食物；想喝的時候，酒才醇美；病人需要藥物；只有在冬天才需要穿裘皮大衣；而愛情，只對年輕人來說是繞不開的，諸如此類。所有這些都只是相對的「好」，**只有金錢才是絕對意義上的好——它並不只是滿足某一特定的具象的需求，金錢甚至可以滿足一切抽象的需求。**

窮人比富人更容易揮霍

假使一個人擁有一筆獨立的財產，應當將其視作堡壘，用來對抗許多可能會遭遇的惡事和不幸；而不應僅僅將其視為一份禮物——一份可以讓他從外界獲取樂趣的禮物；更不應認為他就該義不容辭地將這筆財產揮霍一空。

當出身貧困的人，透過努力，運用他所具有的天賦，最終掙得了一大筆財富時，通常會認為自己所擁有的天賦就是資本，而他們掙來的錢只是天賦產生的利息而已。**他們不會考慮要把所得的一部分金錢轉變成固定資產，而是賺多少就花多少**。因此他們時常陷入貧窮，財產變少，甚至花光，這要嘛是因為他們的天賦枯竭了，例如那些搞藝術創作的人；要嘛是因為他的天賦只適用於某個特定時期，而那個時代已經過去了。

至於那些依靠勞力和技術白手起家的人，也喜歡賺多少就花多少，這無可厚非。因為他們掌握的技能不大可能會消失，就算真的消失了，也可以用同行其他技能來替代；而且他們所從事的工作永遠是有市場需求的，就像一句格言說的：「學門手藝，一勞永逸。」

藝術家和各領域的專家往往能夠獲得很高的報酬。他們本應當用自己掙得的錢財累積一筆資產，但他們卻將其作為自己天賦的一點利息，最終揮霍殆盡。

繼承了遺產的人們至少還知道應該如何區分本金與利息。他們中的大部分人都會**想盡辦法保證本金的安全**，不會動它；倘若條件允許，他們甚至會將其八分之一的利息拿出來存好，以備將來不時之需，大多數人因此都能夠維持自己固有的生活。

關於本金和利息的隻言片語對商人而言是不適用的。**商人只是把錢當作掙錢的工具**，就好像工人對待他的工具。即便他們的資產全部是辛苦掙來的，他們仍會千方百計運用金錢使其保值、增值，所以商人階級比其他任何階級都更懂得如何運用金錢，他們是最富裕的人。

人為什麼不能太窮？

比起從沒真正體驗過貧窮的人，那些**經歷過匱乏的人更不害怕貧窮，也更容易鋪張浪費**。出身良好的人通常比那些一夜致富的人對未來更加慎重，生活上更加節制。乍看之下貧窮似乎並不是太可怕。生來就富有的人們，將財富看成是沒有它就不能活的東西，如同空氣。他們有條不紊、精打細算，並且勤儉節約，終其一生都在守護自己的財產。

世代受窮的人家，對貧窮早已習以為常。倘若偶然的機會讓他發了財，他會將之視為巨大的盈餘，就該用來享受或浪費。**即使錢花光了，他最多不過是打回原形、變得跟以前一樣，還省事了呢！**就像莎士比亞在他的《亨利六世》中所說：「乞兒得馬，騎死方罷——是否屬實，有待查證。」[24]可以說這類人，對命運也好，對自己的能力也罷，都有著全身心且略顯過度的信任。與那些天生有錢的人不一樣，**他們並不認為貧窮是個怎麼都爬不出來的無底洞。就算再次陷入貧困，他們只會認為那就從頭開始，打場翻身仗就好。**

人類天性中的這種特性，充分解釋了為什麼婚前出身貧寒的女性，比起那些給丈夫帶了一大筆嫁妝的女性，有著更多欲求、更容易揮霍浪費——富家千金帶給丈夫的，不僅是一筆財產，還有血液中那股比貧窮女孩更強烈地想要守護這筆財產的熱望。如果有人懷疑這點，並認為結論應該是相反的，那麼他可以在阿里奧斯托[25]的第一篇諷刺作品中找到權威的支援。但是，詹森博士[26]則同意我的觀點。他說：「一個富有的女人，習慣運用金錢，會明智而審慎地用錢；但一

24 語出《亨利六世》第三幕，第一場。——叔本華原注。

25 義大利文藝復興時詩人，代表作為《瘋狂的羅蘭》。

26 塞繆爾·詹森，通稱詹森博士，英國歷史上最有名的文人之一，集文評家、詩人、散文家、傳記家於一身。

個在婚禮上才首次掌握經濟大權的女人卻渴望花錢，常常一擲千金導致揮霍浪費。」（出自《詹森傳》）以防萬一，我奉勸那些娶了貧窮女孩兒的人們，不要把本金留給她們，只給她們一份年金即可，還要特別注意，不要把孩子該繼承的財產交給她們打理。

無論如何，當我在建議人們謹慎守住他們已經掙得的或繼承來的財產時，並不認為自己是在浪費時間說一件不值一提的事。

生活初始，擁有的越多，就越容易保持個人的獨立性，也就是說，這類人可以不必辛苦勞作便能舒服地生活。就算擁有的只夠自己花用，無法顧及全家人，這也是一項不可小覷的優勢，這意味著**他對貧窮這項慢性疾病免疫**；意味著從普羅大眾天然的命運，也就是從體力勞動中解脫出來了。**唯有得到上天如此眷顧的人，才可以說是生來自由的人**，是他自己的時間和力量的主人，能夠在每一個清晨對自己說：「今天只屬於我自己。」

收入一百塊的人和收入一千塊的人之間的差別，比收入一百塊的人和身無分文的人之間的差別要小得多。當具有高度精神稟賦的人繼承了大筆家產，那麼這筆財產將發揮出它最大的價值：這種人可以說是得到了命運的雙倍眷顧，無須操勞，可以只為他的才智而活；他可以創造出既能服務普通大眾，又能提升自己榮譽的作品，取得別人達不到的成就，百倍償還他所欠下的俗世的帳；或是使用其財富來開展慈善事業，以更好的方式為同胞們服務。

如果一個人什麼事都不做，也不打算嘗試去做，甚至沒想過要學習一下、提升自己——如果是這樣一個人，即便他生來就富有，那麼他也只是一個懶漢、一個時間的小偷、**一個可恥的遊手好閒的人**。像他這樣是不會感覺幸福的，即使被豁免於貧窮，也會被推到人類痛苦的另外一個極端：無聊，這對他而言無疑是一種折磨——如果貧窮讓他不得不奔波，可能還會好過點。當這種人無聊的時候，他更容易揮霍浪費，並最終失去這種他認為對自己而言沒有價值的優勢——富有。**數不勝數的有錢人最後一貧如洗，就是因為他們有錢就揮霍，花錢只是為了獲得瞬間的解脫，以逃離壓迫他們的無聊感而已。**

一貧如洗，也可以是你的優勢

倘若一個人的人生目標是在政治生活中獲得成功，則另當別論。為了一步一步往上爬，首先必須獲得他人的贊同，贏得朋友、建立人脈，透過他們的幫助，一步一步加官晉爵、平步青雲——**有這種鴻鵠之志的人，最好出身一文不名**。一個並非出身名門望族的人，有抱負，並且具備一定才能，那麼貧苦的生活絕對會把他的優勢淋漓盡致地發揮出來，他甚至可以因此獲得貴人提攜。

人與人之間在日常接觸中，最喜歡做的就是證明其他人都不如自己——這種情形在政治生活中是多麼司空見慣！

只有一個絕對的窮光蛋，會從各個角度分析，確信自己從頭到尾、從裡到外沒有任何優勢可言，確信自己無足輕重一錢不值，只有這樣，他才可以心安理得地成為政治機器中的一顆螺絲釘，他可以毫無顧忌地卑躬屈膝、奴顏諂媚，必要時甚至還可以匍匐在地。他就是那個可以無條件服從一切、並且嘲笑一切的人，榮譽對他而言毫無價值；在和上司或任何官居高位的人交談或通信時，他會用最響亮的嗓音和最醒目的字體來吹捧對方——就連那些人隨便寫了幾個字，他也準備將其捧為傑作大力鼓掌。

他從青年時期開始就知道該如何點頭哈腰、搖尾乞憐，他就是歌德筆下那個通曉所有隱祕真理的大祭司：**「抱怨卑鄙和下流有什麼意義呢？整個世界都歸它們統治。」**

那些免於生存之役的富家子弟們，通常在思想上會有某種程度的獨立性，不受約束。他們習慣於昂起自己高傲的頭顱，還未曾學會上述為人處世的藝術。即使擁有某些才華——實際上，他們應該也意識到了——**才華，永遠無法與討好逢迎的本事相匹敵**。最終他們會辨認出那些爬到他們頭上的人，是多麼平庸卑劣，每當遭受那樣的人侮辱時，他們就會羞憤難當，可這顯然不是適於這個世界的生存之道。他們和伏爾泰一樣喟嘆：「人生苦短，何必浪費時間去迎合卑鄙的流氓？不值得！」但是，哎呀！讓我這麼說吧，**世上絕大多數人都是卑鄙的流氓，這已然成了一種社會屬性**。尤維納利斯[27]說：「才華在貧

27 古羅馬詩人，作品常諷刺羅馬社會的腐化和人類的愚蠢。

窮面前不堪一擊。」比起政治和社會野心，這番話用在文學和藝術生活領域更合適。

在談到「人擁有什麼」時，我並沒有把妻子和孩子包括其中——**與其說一個人擁有妻兒，還不如說他為他們所有。**把朋友歸到這一類更容易一些，既可說他屬於朋友，也可說朋友們屬於他。

第3課
你在他人眼中是什麼？

其實不管別人怎麼看我們，都與我們的幸福無關。榮譽感，來自人類獨特的天性。建議大家不要放任這個人性的弱點，好好思考一下它的價值，既不高估也不小看；不管其他人是吹捧我們、滿足我們的虛榮心；還是貶低我們、傷害我們的感情，都要盡可能不卑不亢、寵辱不驚。

謊話為什麼受歡迎？

作為人類天性中一大特有的弱點，人們總是對別人是如何看待自己的想太多。**其實不管別人怎麼看我們，都與我們的幸福無關。**

我很難理解為什麼一個人看到其他人對自己有好的評價，或是說了些能滿足你虛榮心的吹捧時，會覺得非常開心。

撫摸貓咪，它會很享受地發出咕嚕咕嚕的聲音；誇獎別人，對方會立刻容光煥發——**只要這是一件他引以為傲的事，那麼即便這稱讚是假的，他也照收不誤**，就算是謊話也還是會受到歡迎。只要有人為他鼓掌，他就可以從自己極度的不幸中振作一點，或是用財富來慰藉自己。

相較於此，但凡是**有損他自我重要感的**，且不論這傷害的性質、程度或起因是怎麼樣的，任何貶低他的言行、怠慢或蔑視，**都會讓他感到煩躁不安，甚至受到很深的傷害**——可見一個人被他人看法影響的程度之深，實在令人驚訝！

榮譽感，來自人類獨特的天性，若作為道德的替代品，對多數人來說倒不失為一劑苦口良藥。

一旦涉及幸福，擁有無謂的榮譽感則弊大於利，畢竟**只有來自思想的平靜和獨立，才對獲得幸福有著本質上的影響**。所以從這點來看，建議大家不要放任這個人性的弱點，好好思考一下它的價值，**既不高估也不小看**；不管其他人是吹捧我們、滿足我們的虛榮心；還是貶低我們、傷害我們的感情，都要**盡可能不卑不亢、寵辱不驚**。否則，一個人就會淪為其他人看法或意見的奴隸，「要攪亂或撫慰那些渴求讚美的人的心，是多麼容易啊，只需一點點撩撥。」[28]

別過於在意他人的眼光

讓我們來認真比較一下，「一個人如何看待他自己」和「別人眼中的他是怎麼樣的」這兩者的價值，這將對我們獲得幸福大有裨益。

一個人是如何看待他自己的，包括了前面討論的「人是什麼」和

28 語出自賀拉斯《書信集》II,1,180。

「人有什麼」所涉及的各項內容，也就是我們生存的意義，所有這一切都發生在自身的意識領域。

相較於此，「對他人而言我們是怎樣的」，換言之，「我們在他人眼中的形象如何」，則發生在別人的意識領域[29]。但是**這些都沒有直接且即時地作用於我們的存在，只能間接而緩慢地造成影響**。只有當他人的行為，例如啟發我們修正「我該如何看待自己」時，才能有所影響。

除此之外，其他人在想些什麼，對我們來說一點也不重要——當我們知道了大多數人的想法有多麼淺薄瑣碎，他們的觀點是多麼狹隘、他們的態度是多麼刻薄、他們的意見是多麼的自以為是，他們的意識是多麼錯誤百出甚至荒謬絕倫時，對來自他人的看法就會更加淡然。而且從我們的自身經歷也可以知道，當一個人不需要害怕對方，或認為自己說的話不會傳到對方的耳朵裡時，他會如何貶低別人。這些都在告訴我們，**他人的看法確實與我們本身沒有關係，完全可以置之不理。**

29 在大擺排場、極盡奢華之餘，上流社會的人盡可以這樣說：「我們的幸福與我們無關，只存於別人的腦袋裡」。——叔本華原注。

如果有機會見證那些最偉大的人如何儘量避免與傻瓜們打交道，我們就會明白，**過於在意他人說的話實在是太看得起他們了！**

一個人若不能在前面已經討論過的「自身內在本質」和「外在財富資源」中找到幸福，而硬要從別人對自己的看法中來尋求滿足，那真的是太不幸了。

我們存在的整個基礎、人生幸福的基礎，首先是體格健康，其次是可維持我們獨立自由生活的能力。這些本質因素之間不存在孰先孰後，都是不可替代的；而榮譽、奢華享受、社會地位和名聲，不論其價值被我們如何高估，在必要的時候，任何人都應毫不猶豫地將之犧牲捨棄，以換取本質的幸福。

我們應該及時認識到一個簡單的真理，那就是**一個人首先並確實是寄居於他自身的皮囊中，而不是存在於他人的看法裡**；所以我們個人生活的實際條件，如健康、性情、能力、收入、妻子、孩子、朋友、住所，比別人想怎麼看我們，要重要一百倍——沒有這一點基本認知，我們就會活得痛苦不堪。

倘若有人非要堅持榮譽比生命本身更重要，他們的意思就是，生存和幸福，跟其他人的看法相比，一錢不值。當然，這也可能只是在用一種比較誇張的方式來表明一個平淡無奇的真理，意即，想要在世上安身立命，名聲口碑，也就是他人對我們的看法，是必不可少的；關於這一點我回頭再繼續談論。

人們不遺餘力拚命進取，歷經艱難險阻，到最後，所求的無非只是提升他們在世人眼中的價值。除了公職、頭銜、榮譽，人們還追求財富，甚至知識[30]和藝術。但所有努力的終極目標，都只是為了獲得同伴們更多尊重，這難道不是人類愚不可及的又一個證明嗎？

過於重視別人的意見和看法是十分常見的錯誤。這可能是一個根植於人類天性的錯誤，也可能是文明和社會發展的結果。但不論根源是什麼，這個錯誤過度影響了我們的所作所為，損害了我們的幸福。

顧忌「別人會怎麼說呢」，**時時刻刻留意他人將要說什麼，堪稱是一種膽小奴性。**極端的例子如弗吉尼烏斯劍插女兒心臟[31]，誘使許多人犧牲安寧、財富、健康，甚至為了死後的榮耀而不惜犧牲生命。

30 知識是無用的，除非別人知道你擁有它。——叔本華原注。

31 出自《羅馬史》的故事，名為弗吉尼烏斯的將軍為了維護女兒名節而殺之，不少史學家認為此非史實。

這種情感對企圖控制或統治別人的人來說，倒是一件非常便利的工具——維持和強化這種榮譽感，在各種訓練人的手段中都占據了重要位置。但涉及人類的幸福，榮譽感就完全是另一碼事了。

我要鄭重地提醒人們，不要太在意別人對自己的看法。但日常生活經驗告訴我們，這恰好是人們始終堅持在犯的一個錯誤——**大多數人都過度重視別人的想法，比起自己腦子裡在想的、最直接且即時地能影響自己的東西來，他們更關心別人是怎麼看自己的。**

錯把他人的看法當作真實的存在，把自己的意識當成是陰影；把衍生物和次級的當成是主要的，並認為他們向世人展示的形象比他們自己本身更重要，真是本末倒置！試圖從非直接且非即時的存在中，得到一個直接且即時的結果，這就是陷入了虛榮之中，愚蠢至極——「虛榮」一詞，恰當地表達了這種狀態，既沒有實體承載也沒有本質價值，虛幻又空洞。就像守財奴過於熱衷追求金錢，不擇手段，卻忘了到底是為什麼要追求。

我們賦予他人看法的價值，為了獲得他人好感孜孜不倦的努力，與我們希望得到的結果極不相稱。對他人態度的關注，簡直就是一種人類與生俱來的普遍狂熱症。

瞧瞧人類為了他人的看法，付出了怎樣的代價——

無論我們做什麼，首先考慮的幾乎都是：別人會怎麼說？**如果不是那麼焦慮「別人會怎麼看我」，至少有十分之九的奢侈品將不復存在**。所謂「榮耀」、「驕傲」，不管形式內容有何不同，說到底也都是在焦慮「別人會怎麼看我」。

生活中將近過半的麻煩和困擾，究其根源，都是出於這種焦慮。所有的矯揉造作、妄自尊大、虛榮以及自負，也都是來自這種焦慮。

我們之所以頻繁地感到焦慮，就是因為我們那可憐的自尊心實在太脆弱太敏感。

從孩提時代開始，榮譽感就初露端倪；到了青年、壯年時期，對名譽、榮耀的追求更為明顯；直至老年，隨著感官享樂能力的衰退，虛榮心和驕傲便占據了主導地位，已然到了頂點。

最佳範例非法國人莫屬。他們那荒謬的野心、荒唐的民族虛榮心和恬不知恥的自我吹噓，堪稱一種法式流行病。他們目標高遠，但往往事與願違，白白給人恥笑，被世人戲稱為「偉大的民族」。

拔掉引發痛苦的那根肉刺

說到「有悖常理地極度關心他人看法」的實際例子，請允許我從一八四六年三月三十一日的《泰晤士報》中引用一段文章，關於一個叫湯瑪斯．威克斯的死刑犯被行刑時的情況。

湯瑪斯．威克斯是一個學徒，出於報復，他親手謀殺了自己的師傅——非常符合我們引用它的目的，雖然環境和人物略顯極端，但綜合來看，不失為一幅頗具衝擊力的愚人肖像圖，我們可以從中了解，人類那「在意別人看法」的愚昧天性，到底能達到怎樣的程度。

報導說，在執行死刑的那天上午，負責聆聽湯瑪斯．威克斯懺悔的牧師，早早地就來到他的身邊。但是威克斯對牧師的到來毫無興趣，他只對臨死前要在看客們面前表現得「勇敢一點」這件事感到焦慮不安。當然威克斯成功地表現出勇氣，向斷頭臺走去時，就彷彿是走進教堂的院子，他用讓周圍的人都能聽見的音量說道：「正如多德博士所言，我很快就要知道那最偉大的祕密了。」這個可憐蟲沒讓任何人攙扶，自己走上斷頭臺，還對看客們左右鞠躬，引得臺下那些墮落的觀眾們歡聲雷動。

一個人用這種方式接受死亡，真是一個絕妙的例子。可怖的死亡近在咫尺，跨越過去就是茫茫永恆，而他只關心**自己會留給一群看熱鬧的人什麼樣的印象，以及他死後別人會怎麼談論他。**

類似的案例還有勒孔案，此人以弒君罪在法蘭克福被行刑，時間也是一八四六年。在審訊過程中，他因為自己未被允許穿著體面的服裝出現在上議院，十分焦慮不安；而在行刑那天，他由於沒得到允許剃鬚洗面更是感到特別痛苦。

這不僅僅是在現代社會才出現的情況。馬特奧·阿萊曼[32]在他那著名的愛情小說《古茲曼·德·阿爾法拉謝》的引言部分就告訴我們，許多昏頭昏腦的罪犯，不抓緊最後的時光好好懺悔，拯救自己的

32 文藝復興時期西班牙小說家。

靈魂，卻一心執著於準備死前感言上。

我之所以採用這些極端的案例來佐證我的觀點，是因為它們淋漓盡致地展現了人們的天性。**我們所有的焦慮、憂愁、困擾、迷惑、不安以及操勞，很大程度上都是因為在意別人會怎麼說**，就跟那些可憐的罪犯一樣愚蠢。嫉妒和憎恨也大都出自同一根源。

很顯然，幸福主要依賴思想平和與內心滿足。**要增進幸福感，必須減少人類這種天性的衝動，並將其控制在一個合理的範圍內，如現在的五十分之一**。透過這種方式，我們就可以拔掉總是引起痛苦的那根肉中刺。但這是一件非常困難的事，畢竟這種衝動是人類與生俱來的乖僻天性。

塔西佗[33]說：**「就連智者也很難抵禦名揚四海的誘惑。」**[34]要想杜絕這普遍的愚蠢行徑，唯一方法就是認識這種行徑的愚蠢。要知道大多數人腦子裡的觀念都有可能是錯誤的、執拗的、荒謬的，因此，對他們的任何關注都是沒有意義的。**在生活中絕大部分的情況下，他人的想法很少能夠對我們產生真實而正面的影響**。這種不必要的關注常

33 羅馬帝國執政官、雄辯家、元老院元老，也是著名的歷史學家與文體家，主要著作有《歷史》和《編年史》等。

34 語出《歷史》第四卷，第六章。——叔本華原注。

常使人一聽到任何有關他的話，或光是別人說起他時的語調，就擔心得要命。

最後，我們還應當清楚這樣一個事實，即**榮譽本身並沒有直接價值，只有間接價值**。倘若人們能摒棄追求榮譽這一普遍的蠢行，將會替思想的平靜和愉悅帶來莫大的助益——人們將以一種更加堅定、更加自信的姿態來面對世界，行為舉止也將更加真實及自然。

隱居這種生活方式之所以非常有益於思想的平和，主要就是因為**我們終於不用再活在別人的視線裡了、不必再關注別人會對我們有這樣那樣的看法**，也就是說我們**終於回歸了真我**。同時還可以避免許多真正的不幸，例如被別人無可救藥的愚蠢引入歧途。這樣一來我們就可以更關注真正的現實，不被打擾地享受現實生活。

但那些真正值得去做的事常常很難做到，就像俗話說的，從來好事多磨難。

不必謙虛，只管驕傲

人類天性中的愚蠢，還生出了另外三根不同的新芽：野心、虛榮和驕傲。

虛榮和驕傲的差別在於：驕傲是**堅信自己在某一方面擁有至高無上的價值**；而虛榮是**渴望別人相信自己具有某方面的價值**，通常還伴隨著一種隱祕的希望——希望透過喚起別人的確信，最終能使自己同樣確信。

驕傲源於內，是對自我的一種直接的欣賞。虛榮則是渴望能從外界間接獲得這種自我欣賞。

虛榮自負的人通常喜歡誇誇其談；驕傲自大者則多半沉默寡言。但是虛榮的人既然一心爭取別人的認可，那麼就應當意識到，**就算自己的確有很好的談資，但也許保持適當的沉默，比聒噪更容易獲得他人的好感。**

不是任何人都能成為驕傲的人，普通人只能做做樣子，他們很快就會放棄扮演驕傲，回到自己的本來面目。唯有堅定不移地確信自身具有無與倫比的價值和特殊重要性，才會讓一個人產生君臨天下般驕傲的感覺。當然他的這份確信很有可能只是誤會，或是性格使然，但只要他對自己的價值深信不疑，就無損他的驕傲。根植於信念的驕傲，就像其他形式的知識，已然成為一種客觀存在的品質，而非我們的主觀意識。

虛榮是驕傲最大的敵人，也是最大的障礙。驕傲的前提條件就是對自己的價值確信不疑，而虛榮則是為了博取他人的讚揚，從中獲得對自我價值的肯定，處心積慮討好別人，四處逢迎。

驕傲常常引來詆毀和抨擊。但我猜想，那些**會去詆毀、抨擊別人的，多半是那些自身沒什麼可驕傲的人**。

考慮到大多數人的厚顏無恥，但凡自己具有任何長處或優點，就應該把它們牢記於心——如果我們善意地忽略自己的優勢，與其他人過從密切，那麼那些人肯定會把我們當作同等級的自己人對待。

我要特別提醒那些最卓越的人，**卓越是一種純粹的個人天性**，不像勳章和頭銜，時刻都要引人注意。要知道，**過分隨和反而容易讓人輕視**，就像羅馬人過去常說的，「愚人倒來教導智者」；或是像阿拉伯諺語說的，「若你紆尊降貴跟一個低賤的人開玩笑，他很快就會蹬鼻子上臉」；當然還有偉大的賀拉斯也教導了我們：「該你得的榮譽，就千萬不要客氣。」

當謙虛成為一種「美德」，愚人反倒獲利最多——謙虛若是美德，那豈不是人人都得把自己說成是個傻瓜才行？**謙虛實際上拉近了人們之間的差距，彷彿這個世界上就只有傻瓜似的。**

最廉價的驕傲是民族驕傲，也就是所謂的「民族自豪感」——如果一個人宣稱為他的國家或民族自豪，那只能說明他本身並沒有什麼可值得驕傲的，否則也不會抓著那些千百萬人共有的東西引以為榮。

有個性、有見識的人，會更清晰地發現自己民族的缺點，因為這些缺陷就暴露在他眼前。但一個可憐的傻瓜自身沒什麼可令他驕傲的，就只能把自己所屬的國家、民族當作最後依靠，為其感到驕傲。他為自己的自卑找到庇護，隨時準備拚死為其錯誤和愚行進行辯護，不分青紅皂白，連其缺點也誓死捍衛。舉個例子，倘若你用一種理所應當的輕蔑口吻提及英吉利民族的愚蠢和偏執，你就會發現五十個英國人裡也很難找出一個人贊同你，即便有那麼一個，也只能說他大概剛好是個理智的人。

德國人沒有民族自豪的情結。就像大家一致認可的，這充分說明了德國人是誠實的民族！但也有一些可笑的人——主要是那些「德意志兄弟」和政客們，裝模作樣地宣稱為德國感到驕傲，曲意奉承、蠱惑人心，其實只是為了誤導國民，多麼的虛偽！他們甚至說德國人發明了黑色火藥，我也對此抱持懷疑態度。

利希滕貝格[35]曾問：「為什麼沒幾個人會冒充德國人？一般人似乎更喜歡冒充法國人或英國人，這是為什麼？」我想也許這就是因為個性遠比民族性更重要，**在任何情況下，都應當最先考慮個人的獨特個性**。既然我們無法在不涉及若干民眾的前提下去提及國民性，那麼就根本無法做到在高聲讚揚的同時，還能保持誠實。

在每一個國家，人類那些卑劣、剛愎自用、做作等天性，都集中

35德國親英派科學家、諷刺詩作者、格言家。

以某種形式表現出來，這就是所謂的「民族性」或「國民性」。我們厭煩這個民族、讚揚那個民族，再轉而追捧另一個民族，每個民族都在嘲笑別的民族，這不過是以五十步笑百步而已。

與華而不實的社會地位說再見

我們在世人面前扮演的角色，或說別人是如何看待我們的，還可以進一步分為三項：地位、榮譽和聲望。

我們先來看看社會地位。

儘管在普羅大眾看來，地位很重要，它也是國家機器中最為重要的齒輪，但是我用三言兩語就可以打發它。

社會地位具有一種純粹的傳統價值，也就是世俗的價值。嚴格說來，它是華而不實的，它的作用是要得到一種虛假的尊重，這完全就是一場鬧劇。

勳章，據說是代表了民意所向，其價值由發放人的信譽決定。當然，它還可以代替撫恤金，為國家節省了一大筆開銷。頒發勳章若是嚴格慎重、有的放矢，人們還可以將其用作他途。**大眾除了長了眼睛和耳朵，就再無其他**，這一點毋庸置疑。並沒有多少人能物盡其用——**實際上人們很少評判，記憶力也尤其差**。

有些人曾為國家做出傑出貢獻，但遠遠超出了常人能理解的範圍，即便他們在某一段時期內受到了人們的讚賞和吹捧，也很快就會被拋之腦後。因此，我認為，用一枚十字架或星星的勳章，時時刻刻提醒人民大眾「這個人跟你不一樣，他為國家做了一些重要的事情」是很有必要的。

但是，當勳章沒有被公正地使用；或未經選擇肆意濫用；或使用它的人數過於龐大時，它就會失去價值——**君王應當像商人簽支票那樣謹慎地為人授勳**。沒有必要在勳章上冗詞贅句地刻上表彰功勳的話語，這不過是畫蛇添足，每枚勳章都應當不言而喻地是為獎勵重要貢獻而頒發的。

榮譽的本質

榮譽是比社會地位大得多的問題，也更難討論。讓我們試著從給它定義開始。

如果我說，**榮譽是外在的良心，而良心是內在的榮譽**，無疑會有一大群人贊同這一說法；但這樣的定義太抽象且空洞，很難洞穿事情的本質。

所謂榮譽，客觀來看，是其他人對我們價值的看法；主觀地看，就是我們對別人這種看法的重視——由此可見，若要享譽四方，就要對他人產生有益的、並非只是道德層面的影響。

但凡一個人尚未徹底墮落，就會有榮譽感和羞恥感，並格外珍惜榮譽。因為單憑一己之力能夠做成的事很少，就像魯濱遜流落荒島。**唯有置身於社會群體之中，個人的力量才能最大限度地煥發活力。**

隨著社會意識的發展，人類渴望被看作是對社會有用的一分子，一個有能力、並盡全力履行社會責任的人；一個有資格享受社會各種福利的人。要成為有用的社會成員，必須做到兩件事：首先是社會要求每個人都要做到的事；其次，要肩負起自己身處的特定社會位置所要求的責任。

但問題的關鍵，並不在於是否自認為有用，而在於別人是否也這樣認為。所以人們會竭盡全力討好世界，並認為這才是值得去做的事。這種討好的心態源自人類天性，原始且與生俱來，也就是所謂的榮譽感，或羞恥感。一個人只要想到自己受人非議，就會感到羞愧恥辱，即便他知道自己是無辜的，並非都是他的錯，依然會面紅耳赤。

確信別人喜歡自己、肯定自己，可以大大增強人們生活的勇氣。別人對自己的肯定，意味著所有人將一起為他提供幫助和保護，比起單打獨鬥，這更能讓他鼓起勇氣對抗生活的不幸。

人與人之間的關係具有多樣性，主要有三種類型：普通民眾如你我之間的關係、契約的關係、兩性之間的關係。

透過在以上三種關係中獲取好感、建立信任，由此對應而生的榮譽也各不相同——我把它們分為：公民榮譽、公職榮譽和兩性榮譽。

公民榮譽：人渴望被尊重

公民榮譽範圍最廣。假設的前提是我們會無條件尊重他人的權利，絕不使用任何不正當或違法的手段謀取私利。這是人與人之間和平相處的先決條件。任何公然妨礙或明顯嚴重違背上述交往前提的行為，包括因此受到判罰（假定判罰是公正的），都將損害公民榮譽。

榮譽最根本的基礎是**確信道德品性不變**，正所謂江山易改、本性難移，一旦某次失足，就可以據此斷定該人在同樣的境遇下會做出同樣的惡劣行徑。英語中的character（品性）一詞，充分地表達了信用、口碑和榮譽之類詞語的含義。

榮譽，一旦失去，再難找回——除非是因為某些誤會而造成的冤假錯案，例如這個人是被誹謗的，或是被誤解了。所以，法律規定禁止造謠誹謗、詆毀他人，或是侮辱他人人格——各種汙蔑謾罵統稱「侮辱」，希臘諺語稱侮辱是草率的誹謗的集合。

一個人辱罵另一個人，只說明了他並沒有真正可抱怨對方的理

由，否則他就會把那些理由列舉出來，作為抱怨的前提，然後交給聽眾們做出孰是孰非的判斷。可是他卻跳過前提，採取謾罵的方式，自己代替聽眾直接得出結論，並藉口說他這樣做只是為了簡便。

公民榮譽主要存在於中間階層，但它適用於所有人，甚至處於金字塔頂端的人。公民榮譽是非常嚴肅的，任何人都不可藐視，每個人都應當注意不要對此掉以輕心。**失去誠信意味著永遠失去了別人的信任，不論再做什麼，也不論是誰，都只能自己吞下喪失誠信的苦果。**

從某種意義上來說，與「聲望」具有的正向性相比，榮譽有一種負向性的特徵。

人們並不會因為某個人剛好擁有某些特定的品質，就說他是有榮譽的。而是**根據規則，必須具備某些眾望所歸的品質、沒有辜負大家的期望，才是一個有榮譽的人**，無一例外。

聲望卻不然。必須爭取，才能贏得聲望；榮譽只是保有著、不失去就可以了。**沒有聲望，頂多是默默無聞，沒有別的負面影響；但失去榮譽就是恥辱，這是確鑿無疑的。**

千萬不要把榮譽的負向性和它的被動性混淆了。榮譽具有完全的主動性。它直接來源於呈現榮譽感的人，直接與這個人的所作所為相關，跟其他人的行為或外在阻力無關。

榮譽主要存在於我們自身。正是基於這一點，真正的榮譽才不同於騎士精神的虛假榮譽。

造謠誹謗，是那些沒有榮譽感的人用來攻擊有榮譽的人的唯一武器；而**擊潰謠言的唯一方式就是，公開駁倒造謠者，在公眾面前撕開他那醜惡的假面具。**

老年人為什麼會受到尊重？大概是因為老年人的人生經歷，已經足以證明他是否守護了自己的榮譽不受玷汙。年輕人雖然也具有榮譽，但他們目前還不能證明自己一生清白。

無論是年齡也好、閱歷也罷，都不足以成為年輕人就該向老年人表示敬意的理由。若只是年齡問題，低等動物也可以達到一定歲數，某些甚至壽命比人類還長；而所謂經驗閱歷，也不過是更了解這個世界的運作規則而已。為什麼全世界都要求年輕人向老年人表示尊重呢？明明伴隨高齡而來的身體衰弱，要求人們給予老年人的是照顧和體貼，並不是敬意。但請注意，對於頭髮花白的年長者，人們普遍發自內心、幾乎是出自本能地尊敬著。比起花白頭髮來，更能代表年老的皺紋，卻不會引起人們的敬意——你肯定不會聽到有人說「令人肅然起敬的皺紋」，但人們會說「令人肅然起敬的白髮」。

榮譽只具備間接的價值。

正如之前解釋過的一樣，**當別人對我們的看法，影響到他對我們的態度時，而且是在與他人一起生活共事有關聯時，別人的看法才有價值**。但在文明社會，我們的生命財產安全都有賴於社會秩序，無論做什麼都需要得到他人的幫助。反過來，他人也是先對我們產生了基本的信任，才會願意與我們打交道。所以別人如何看待我們很重要，雖然我不認為這種看法具有什麼直接的價值。西塞羅也持有相同觀點，與我不謀而合。他寫道：「我非常贊同克律西波斯[36]和第歐根尼過去常說的，『倘若美名果真只是徒有虛名，一點兒用都沒有，那它就根本不值得我們費力追求』。」愛爾維修[37]在他的主要著作《論精

36 斯多葛學派的哲學家，據說死因為大笑不已導致心臟驟停。

37 法國啟蒙思想家、唯物主義哲學家、辯論家。

神》中，用了很長的篇幅來證明這個真理，他的結論是：「我們樂於受人尊敬，並不是熱愛『尊敬』本身，**我們愛的只是受人尊敬帶來的好處。**」正如「手段不可能比目的更重要」，**榮譽高於生命，只是言過其實的說法。**

公職榮譽：要做就要做到最好

公職榮譽，是指擔任公職的人具備職位所要求的素質，並能一絲不苟地履行職責。此人所擔負的職責越重大、在國家事務中發揮的作用越大、產生的影響越大，人們對他道德品質和智力素質的要求就越高。因此，職位越高，榮譽越高，這可以從頭銜、勳章和旁人畢恭畢敬的態度來表現。

一般來說，一個人的官位等級，基本上就定義了他應該被授予的榮譽級別。但普通民眾對此認識不深，官位等級在反映榮譽程度方面就被打了折扣。事實上，那些擔任特別職務的人，依然比普通公民享有更高的榮譽。而**對於老百姓來說，能夠洗刷恥辱、擺脫不名譽，就已經是最高的榮譽了**。

公職榮譽還要求擔任公職的人，為了同僚和繼任者，必須維護該職位的尊嚴。要做到這點，公職人員必須忠於職守、克己奉公，堅決抵制任何對該職位或對任職者的攻擊，對於任何會造成不利影響的言論絕不聽之任之；對那些所謂政府沒有好好履行職責，或政府本身並沒有為公眾謀福利之類的言論，他必須透過法律手段嚴懲不貸。

享有公職榮譽的人還包括在其他領域為國家效力的人們，例如醫生、律師、教師等，簡單來說，就是具有某種專業技能、被官方承認具有從業資格的人——總之，所有從事為公眾服務工作的人都享有公職榮譽。

軍人榮譽也屬於公職榮譽。誓死保家衛國的軍人們，具備必需的品質，尤其是勇氣、力量和大無畏精神，他們隨時準備好為國捐軀、視死如歸，任何情況下都不會丟棄那面他們曾宣誓忠誠的戰旗。

我這裡談到的公職榮譽，比常規意義上的更廣泛些。一般來說，公職榮譽就是普通公民對公職本身懷有的敬意。

兩性榮譽：男人征服世界，女人征服男人贏得世界

在談到兩性榮譽及其原則時，有必要多給一點關注和剖析。我要強調的是，**「所有的榮譽都是出於功利實用的考慮」**。

兩性榮譽天然地劃分為女性榮譽和男性榮譽，其宗旨都是「集體榮譽」。集體榮譽感對女性來說更為重要，因為女性生活最根本的特徵就是她與男性的關係。

對於未出嫁的女子來說，女性榮譽要求她是純潔的；而對於一個妻子而言，則要求她是忠貞的。此觀點的重要性見於以下考量。

女性人生的所有關係都依賴男性；而男性，不妨這麼說，他們只在某一種關係中才依賴女性。男女之間相互依存，男性承擔起滿足女性需求的責任，包括承擔共同養育孩子的責任，這樣的安排旨在為全體女性謀求福利。

男性憑藉生理和智力的優勢，占有了地球上最好的資源；女性必須聯合起來，展現出「團隊精神」、「集體榮譽感」，來對抗她們共同的敵人——男性。**女性必須堅持不懈，透過占有男性，進而享有男性占有的資源。**

對於女性來說，榮譽就是「絕對不能在婚姻之外與男人發生性關係」。這是為了給每一位男性施壓，迫使他們向女性投降，乖乖地把自己和她綁在一起；這樣的榮譽感是女性的集體訴求，各地的女性精誠團結，認真維護它的合理性。

任何女性，但凡破壞了規矩，就等於是背叛了整個女性團體——想想看，要是每位女性都這麼做的話，那麼這項規定的存在還有什麼意義？破壞規矩的女性將會帶著恥辱，作為已經喪失了榮譽的人被拋棄出局——沒有同性會願意與她來往，她就像瘟疫一樣，大家唯恐避之不及。

破壞婚姻的女性也將遭受同樣厄運。因為她的通姦行為會導致男性不再妥協，害怕做出婚姻的承諾，這會有損其他姊妹們的利益。並且，這種欺騙以及對誓言粗鄙的破壞，讓女性失去的不僅僅是個人的名譽，還有公民榮譽——人們可以原諒未婚女子，將她的羞恥降低到最小程度，因為未婚女子可以透過與誘姦者的婚姻修復其名譽；而對於一個妻子，人們則不會這麼寬容——**即使一個妻子成功離婚，並與通姦的男人結婚，也不能還原自己的清白**。

這種「集體榮譽」被認為是女性榮譽的基礎，是經過深思熟慮做出的全面且必要的安排，對保障女性利益來說至關重要。即便如此，這樣的榮譽也只具有相對的價值，無法超越生存的所有其他目標，或凌駕於生命本身的價值上。這樣看來，羅馬傳說中的烈女貞婦們也沒什麼值得稱頌的，要知道她們那種過激的反應、誇張的行為，很容易讓整件事變成一場鬧劇，令人生厭。例如，萊辛[38]創作的《愛米麗雅．迦洛蒂》的結局，讓人在離開劇院時感覺非常不自在。但撇開女性榮譽的所有規則不談，人們卻忍不住同情《艾格蒙特》[39]裡的克拉勒。

過度推崇女性榮譽的原則，其實是捨本逐末，但這也是人們的通病。這種誇張的推崇只是為了證明兩性榮譽的價值是絕對的。然而真

---

38 德國啟蒙運動時期重要作家和文藝理論家之一，他的劇作和理論著作對後世德語文學的發展產生了極其重要的影響。

39 歌德創作的戲劇，後世貝多芬為其創作了同名交響組曲。

相卻是，**比起其他任何種類的榮譽，兩性榮譽的價值更為相對。**

有人可能會說，兩性榮譽的價值是符合傳統常規意義的，比如托馬修斯[40]的《論情婦》一書就提到：在過去所有時代，一直追溯到馬丁．路德的宗教改革，所有國家的法律都允許並承認不正當男女關係，而這並不損害女性榮譽——至於眾所周知的墮落之城巴比倫的「米利塔神殿」[41]，就更不用提了。當然，也有一些不大可能出現婚外情的狀況，尤其是在天主教國家裡，就不會發生離婚這種事。

門當戶對才幸福

我個人認為，從道德層面來看，廢除貴庶通婚，對於王公貴族們來說，反而更合理——如果貴庶婚姻中的合法繼承人不幸去世，那麼任何後代，無論出身是否低賤，都可以要求繼承權位，這樣一來，儘管可能性不大，但也的確有可能會導致內戰。

門第懸殊的貴庶通婚，完全無視一切外在禮節，甚至可以說，

40 德國法學家、哲學家。

41 語出希羅多德《歷史》第一章，第九十九頁。——叔本華原注。

這種不般配的婚姻根本是向女人和神職人員做出的妥協——而這兩種人，恰恰是我們最該警惕的，千萬要小心謹慎，不要輕易做出讓步，否則他們就會得寸進尺。

在一個國家裡，每個男人都可以跟他自己選擇的女人結婚，只除了一個可憐的人之外，那就是王子。**王子屬於他的國家，他的婚姻必須是為了城邦利益而締結**。但王子畢竟也是人，也有自己想做的事，也想要追隨內心的指引。禁止或試圖禁止王子在婚姻大事上聽從內心選擇所愛，是狹隘且不公平的，當然前提是王子選擇的這個女子不能干預國家大事。這位女士從某種意義上來說占據了一個特殊的位置，並不需要遵守一般的兩性榮譽規定，因為她只是與一個男人相愛，而這個男人有最充分的理由，不透過明媒正娶的方式和她在一起。

一般來說，女性榮譽帶來的眾多血腥犧牲，如殘殺嬰兒或是母親自盡，都在揭示一個事實，那就是**女性榮譽的原則並非源於自然**。難怪女子違背原則把自己交給一個男子，就是背棄了所有女性——雖然這只是心照不宣的，而非鄭重宣誓定下的信約。她自己的前途會因此受到最直接的影響，從這點來說，她的愚昧甚於她的罪孽。

男性榮譽源於集體榮譽

女性榮譽引發相應的男性榮譽，也就是男性的「集體榮譽」，要求男子締結婚姻（婚姻是有利於對方的條約）時，要保證這項條約切實執行，不得懈怠，使其失去效力和堅固性。既然男性為了婚姻這樁交易，已經放棄了一切，那麼至少要確保「男方獨享占有這個女人」這一基本的權利。因此，**男性榮譽要求男性應當對妻子的背叛感到憤慨，至少也要透過與之分手來懲罰她。**如果他容忍了這次背叛，那麼他將被整個男性社會唾棄。但是這種恥辱與女性失去名譽的情況不一樣，對男性來說，這樣一個汙點絕非不堪忍受，只是一個小瑕疵——**男性擁有眾多社會關係，與女性的關係不過是其中並非主要的一項。**

兩位偉大的現代戲劇詩人，曾分別將男性的榮譽作為戲劇的主題：莎士比亞的《奧賽羅》和《冬天的故事》，以及卡爾德隆[42]的

42 西班牙劇作家。

《醫生的榮譽》和《以牙還牙》。但是**男性榮譽要求的只是懲罰妻子，而不是懲罰她的情夫**。這也證實了我的觀點，即男性榮譽源於男性的「團隊精神」和「集體榮譽」。

騎士榮譽：小眾的榮譽

目前為止所討論的種種榮譽，以各種形式和原則存在於各個時代的各個國家。其中女性榮譽的歷史說明了在不同的時期，其原則經歷了某些因地制宜的調整。

除此之外，還有一種與上述榮譽完全不同的榮譽，希臘人和羅馬人對此沒有絲毫概念；甚至至今中國人、印度人或伊斯蘭教徒們仍舊對此一無所知。這是一種只在中世紀出現過的榮譽，源於基督教歐洲，且只存在於非常小眾的一部分人當中，也就是說，只存在於社會較高層的人群或是效仿、攀附他們的人群之中，這就是騎士榮譽。

其原則與迄今為止我所說過的任何一種榮譽的原則都不同，在某些方面，甚至截然相反。騎士榮譽培養出的是有榮譽感的人——騎士，而其他種類的榮譽則造就了所謂的正人君子。接下來我將把騎士榮譽的原則列舉出來，以此說明騎士風度的內涵。

騎士榮譽並不取決於他人對我們價值的評判，而是在於他人是否表示出了他們的評判，不論他們的真實看法是什麼都無關緊要，更不用理會他們的看法是否有根據。

對於我們的所作所為，人們也許會有不好的看法，或隨他們心意任意鄙視我們；但只要他們不敢表達出來，我們的榮譽就不會被玷汙。反過來說，如果我們以自己的行為和品質，從他人那裡強行取得了最高程度的尊重（這並不取決於他人的主觀意識），但凡有人——不論這個人是多麼邪惡或愚蠢——公然貶低我們，就是破壞了我們的榮譽；若不做出補救修復，那我們就將永遠失去榮譽。

騎士榮譽並不取決於人們心裡怎麼想，而是取決於人們怎麼說。最明顯的證據就是，必要時透過道歉就可以撤銷辱罵，這樣就可以令受辱者感覺自己彷彿從未受到過蔑視。至於引起這種惡語中傷的想法是否已經得到修正，以及為什麼要公然淩辱，都是不值一提的問題。**只要收回之前所說的話，這件事就算了結**。所以說騎士榮譽的目標，並不在於當之無愧地贏得他人尊重，而是在於**強求他人的敬意**。

騎士榮譽不是取決於一個人做了什麼，而是在於別人對他做了什麼，也就是說在於他承受了什麼，他面對了怎樣的障礙。

之前討論的種種榮譽，其根本都是取決於我們自己的言行，而騎士榮譽卻與此相反，任何人的所言所行都可以產生或摧毀這份榮譽。**騎士榮譽掌握在他人之手，掌握在每一個無事生非、說長道短之人的舌尖**。只要被人攻擊，榮譽就隨時可能一去不復返；除非被攻擊的人能透過我即將要講到的方式重新奪回榮譽，但這樣做很可能會危及他的生命、健康、自由、財產和內心的平靜。

由此可見，即便一個人的所作所為是高尚的、無私的，即便他心靈至純、理智健全，即便如此，只要有任何人想要中傷他，哪怕這個中傷者只是個無恥的流氓或愚蠢的老頑固，或是一個懶漢、賭棍、浪蕩子，總之，一個不值一提的人，只要有人公然侮辱他，他就會喪失榮譽。

越是無恥之徒，越是喜歡侮辱其他人，正如塞內卡所言：「一個人越是荒謬可鄙，就越是喜歡搬弄是非。」這種人最容易被高尚的人激怒、興起侮辱之心，正因為物以類聚、人以群分，不同品味的人是做不了朋友的。**別人傑出的才華、卓越的貢獻，最容易引發一個庸碌之輩的無名怒火。**歌德在《西東合集》中所說的十分正確：

為什麼要抱怨你的敵人？
難道是要和他們做朋友嗎？
你的存在本身，
對他們來說就已是沉默的永恆羞辱。

騎士榮譽的這種「別人怎麼說最重要」原則，拉近了庸人們和卓越的人之間的差距，毫無價值的人應該好好感謝它才是！

如果一個傢伙喜歡侮辱他人，例如攻擊別人品質惡劣，這樣的詆毀堪稱是言之鑿鑿的宣判，甚至可以說是一項具備了法律效力的法令；如果沒有立刻予以還擊雪恥的話，那麼它將永遠是真實有效的，終身跟隨受辱者。

換句話說，**即便這個散播謠言的人是世上最無恥的笨蛋，但如果被侮辱的人容忍了這種侮辱，那麼在所有體面的人眼中，他將就是散播謠言者所說的那樣**。所有體面的人都將斷絕與他的來往，像對待痲風病患者那樣，拒絕在任何他可能出現的場合與之碰面。

我想，上述現象的源頭可以追溯到中世紀。一直到十五世紀，在刑事訴訟中，舉證責任依然不在原告，而是由被告來自證清白。被告可以起誓說自己無罪，他的支持者們也必須站出來擔保他不可能說謊或提供偽證。倘若被告找不到人願意來幫忙，或原告不承認被告的擔保者們，那他就只能求助於上帝的審判，這通常意味著一次決鬥。因為被告現在已經不光彩了，也就是有失體面，他必須洗刷自己的冤屈、證明自己的清白。這就是「蒙受恥辱」概念的來源，也是時至今日依然流行於所謂「榮譽之士」，也就是體面的人當中的整個決鬥體系的源頭——只是現在省略了發誓這一環節。

這也充分地解釋了**為什麼體面的人會因為謊言而怒不可遏，他們認為必須用鮮血來雪恥**。說實話，謊言隨處可見，這樣的反應未免有些過激。但比起其他任何地方，在英格蘭，這已然成為一種根深蒂固的迷信。一個揚言說要殺死另一個說謊之人的人，自己應當絕不會說謊。中世紀的刑事審判形式因此更簡潔，應對控訴，被告只需回應：那是謊話。那麼剩下的就交給上帝來裁決了。因此，**騎士榮譽遵循的就是：一旦有人說謊，必然將會訴諸武力**。關於侮辱就先講到這裡。

然而，還有比侮辱更惡劣的事情，且幾乎致命，因此，當按照騎士榮譽的習俗提及此事時，我必須誠摯地乞求所有「體面的先生們」予以諒解——我知道，光是一想到它，他們就會氣得瑟瑟發抖，怒髮衝冠——這簡直是世界上最邪惡的事，比死亡和下地獄更糟糕：那就是**一個人可能會出手給另一個人一記耳光，或是動手毆打別人**，如此可怕！這對榮譽來說幾乎具有致命的殺傷力。也許任何其他形式的侮辱還可以透過流血事件得到洗雪，但在這種情況下只能置對方於死地，才能徹底恢復榮譽。

騎士榮譽和一個人本身是什麼樣子，沒有任何關係，和他的道德品質能否變得更好或更壞等諸如此類學究式的問題，也毫無關聯。**如果你的榮譽受到玷汙，或是顏面掃盡，只要反應夠快，立刻提出決鬥來補救，那麼榮譽很快就可以全部恢復。**但是如果冒犯者並非出自信奉騎士榮譽的階層，又或者他自己曾經挑釁過騎士榮譽，那麼，無論對方是毆打了你，還是用言語辱罵了你，有一個更妥當的方式來回應——如果手頭上有現成的武器，那麼你大可以立刻在被冒犯的當下，或者是稍遲一會兒，將你的對手打倒在地，這樣一來就可以恢復榮譽了。

但如果你希望避免這種極端的方式，以防產生任何不良的後果，或是不確定冒犯者是否認可騎士榮譽並受其約束，那麼還有更妙的一招，就是**以牙還牙、以眼還眼，以更粗暴還擊粗暴**——如果辱罵沒有用，那麼可以試試揍他一頓，這是挽救榮譽的終極方法。舉個例子，對方扇了你一耳光，就讓他吃你一記猛棍；若他給了你一棍，那就要一馬鞭抽回他；而若是要對付鞭子，最後還有一種被允許的做法，那就是朝著對手吐他一臉口水。如果所有這些方法都沒有用，那你就一定不能再繼續畏首畏尾地怕見血了。

最粗野的人永遠最正確？

之所以要使用上述方式雪恥，是因為**受人侮辱就意味著顏面掃地，反擊了侮辱也就擁有了榮譽。**

舉個例子，假如真理、公正和理性都站在我的對手那一邊，那好，我這就去侮辱他——這樣一來，真理和榮譽就棄他而去，站到了我這邊，直到他透過武力的方式，注意是武力，而不是真理和理性來為自己辯白，把它們重新奪回來。因此，**在涉及榮譽時，粗野是一種品質**，完全可以取代或是遠遠勝過任何其他的品質——只要夠粗野無禮，哪裡還需要別的什麼品質呢？最粗野的人永遠最正確。

無論一個人有多麼愚蠢、多麼邪惡、多麼壞，只要他是粗野的，那麼所有過錯都可得到寬恕，並且變得合情合理。在討論或談話中，若是有人展現出比我們更淵博的學識、比我們更愛真理、判斷比我們更為明智、理解力比我們更強，總之就是展現出了更為優越的精神力量和智力水準，使得我們相形見絀；那麼只要對他撒野，侮辱他、冒犯他，我們就可以反敗為勝，立刻變得比他更優秀。

粗野蠻橫勝於雄辯，可以令智力黯然失色。如果對手根本就不跟我們計較，對於粗魯的攻擊不予回應，無須決鬥，我們就可以成為勝利者，榮譽歸我們所有。**在全能的粗野無禮面前，真理、知識、思想、智力、智慧都只能退避三舍、棄械投降。**

一旦有人對著那些體面的榮譽之士、正人君子們表達了不同見解，或展現出更勝一籌的智商，這些體面的人便會惱羞成怒，跨上戰馬準備還擊。若在任何爭論中不知如何回答是好，那麼他們就會以粗野為武器，並訴諸武力，直至最後收復失地凱旋。由此可見，**那些認為騎士榮譽的原則可以使社會的基調變得更高尚的人們，很顯然，他**

們是對的。

在信奉騎士榮譽的人看來，對於人與人之間在榮譽這件事上可能發生的任何分歧，只有訴諸殘暴的武力，才能獲得最高的裁決，分清孰是孰非。

武力，是騎士榮譽的核心。嚴格說來，每一項粗野的行徑，都是暴力的訴求，是在宣告理智的力量和道德的覺悟已不能決定孰是孰非，衝突必須透過武力來解決。

佛蘭克林把人類界定為「會製造工具的動物」，人類的鬥爭由人類所持有的武器來決定勝負，必須進行武力仲裁。這就是著名的「強權即公理」原則——就像「愚蠢即智慧」一樣具有諷刺意味，**騎士的榮譽也可以說成是強權的榮耀。**

公民榮譽在「你我」之間的問題上相當謹慎小心，重視責任、信守諾言。在處理人與人的關係上，騎士榮譽則展現了最大的寬容——只要不破壞以榮譽為名說出的話（人們常常說，以我的榮譽做擔保）就夠了，其間暗含的意思卻是，其他的承諾都可以不必履行。在逼不得已的情況下，甚至可以打破以榮譽之名許下的承諾，**只要透過決鬥這一萬應靈丹，訴諸武力就可以再次挽回榮譽**。另外，僅有一種債務絕對不能拖欠不還，那就是賭債，也被稱作榮譽之債。至於其他債務，人們盡可以左欺右騙、拆東牆補西牆，也絲毫無損騎士榮譽。

公正的讀者們很快就會發現，如此奇怪、野蠻且荒謬的榮譽原則，既不是根源於人類天性，也不能在健康的人生觀中找到根據。它的執行範圍相當狹隘，目的就是為了強化一種僅僅在中世紀以來的歐洲才會有的感覺，並且這種榮譽原則只存在於上流階層、官員、軍人，以及那些效仿、追捧他們的人中間。

不僅希臘人和羅馬人對騎士榮譽原則一無所知，就連高度文明化的古今亞洲國家也都完全不了解。對他們來說，**一個人的為人是由他自己的言行來定義，而不是依靠別人樂意怎麼說他來決定的**。他們認為，一個人的言行可能會影響到他自己的榮譽，但不會影響到別人的榮譽。對他們而言，一次毆打就是一次毆打——馬或者驢子說不定還可能踢得更重；在特定環境下被毆打，可能會使人憤怒到立刻就想要報復，但這一切都與榮譽無關。沒人會去記錄毆打或被辱罵的言語，也不會對是否已得到報復的滿足而耿耿於懷。

在個人的勇氣和視死如歸方面，古人必然不會輸給歐洲基督教國家所謂的騎士——希臘人和羅馬人幾乎都是英雄，但是他們對狹隘的騎士榮譽一無所知；即便他們對決鬥有任何的了解，也不會將之與貴族生活聯繫在一起——對他們來說，決鬥就是角鬥士和奴隸們在競技場上的全力拚殺，是重罪犯們和野獸的殊死搏鬥，不過是為羅馬市民們的假日，奉獻出一場熱鬧的休閒娛樂活動而已。

直到基督教時代，也就是隨著基督教義被引入，角鬥士競技表演才被廢除，取而代之的，是以上帝的評判來解決紛爭的決鬥。如果說角鬥士表演是為了滿足大眾狂熱的嗜血欲望做出的殘酷犧牲，那麼，決鬥就只是為了大眾的偏頗謬見而付出的殘忍代價——但在此犧牲的不是罪犯、奴隸、囚徒，而是貴族和那些享有自由的人們。

古人性格中有許多特點，展現出他們完全不受任何偏見影響的特質。例如，當馬略[43]被條頓騎士團首領召喚去決鬥時，他可能會這麼

43 古羅馬著名的軍事統帥和政治家。

回應：「如果首領他老人家活得不耐煩了，他大可以去上吊自盡。」當然同時馬略會找個經驗老到的角鬥士，陪首領打上一兩個回合。普魯塔克在地米斯托克列[44]的傳記中講到，優利比亞戴斯指揮艦隊時，曾經舉起棍子要打他。但是，地米斯托克列並沒有拔劍，而僅僅是說：「打吧，但你得聽我說。」如果你是一個有著騎士榮譽感的讀者，讀到這樣的故事該是多麼憤憤不平啊——地米斯托克列被羞辱了卻沒有拔劍相對，而雅典的軍官們竟然沒有立刻拒絕繼續為他服務！

一個法國當代作家說，如果有人認為狄摩西尼[45]是一個體面的人，那麼他的無知將會引來大家遺憾的微笑。西塞羅也不是一個追求騎士榮譽感、顧全體面的人！在柏拉圖的《法律篇》的某一段中，這位哲學家詳盡地談到了攻擊，向我們清楚地展示了，**古人在對待類似事情時，沒有所謂榮譽感的概念。**

蘇格拉底經常與人爭論，在爭論中常被人惡意攻擊，但他全都溫和地容忍了。舉個例子，某次有人踢了他一腳，他容忍這種侮辱的耐心都令他的朋友感到驚訝。蘇格拉底說：「如果是一頭蠢驢踢了我，

[44] 古希臘傑出的政治家、軍事家。

[45] 古希臘著名的演說家，民主派政治家。

難道我應當去怨恨這頭驢嗎？」還有一次，有人問他：「那個人不是在羞辱你嗎？」他的回答是：**「不是，他又沒對著我說。」**

斯托拜烏在《穆索尼斯》中留下了一段很長的文字，我們可以從中看到古人是如何對待侮辱這件事的。他們除了訴諸法律之外，對其他的化解形式一無所知，明智一點的人甚至連對這種解決方法都不屑一顧。如果一個希臘人被別人扇了一個耳光，他會透過法律手段來討回公道——這些可從柏拉圖的《高爾吉亞篇》中找到證據。在這篇文章中還可以看到蘇格拉底發表的意見。

同樣的情形在《吉裡斯的報導》中也可以見到。有一個叫盧西斯·維拉圖斯的人，在路上莫名打了一個羅馬公民一記耳光，但是為了避免日後有什麼法律上的麻煩糾紛，他吩咐奴隸回去取來一個裝著零錢的袋子，分發給了那些在現場被他的所作所為震驚了的路人們。

著名的犬儒哲學家克拉特斯，挨了音樂家尼克德羅姆一巴掌，臉都腫了起來，青一塊紫一塊的。於是，他就貼了個標籤在額頭上，寫道：「尼克德羅姆的大作」。如此一來，反而是這個音樂家變得不光彩了，因為他居然對一個全雅典人民都敬若神明的人，做了這麼一件野蠻的事情。

在給密利西配斯的一封信中，錫諾普的第歐根尼說他曾遭到喝醉了的雅典小青年們一頓毒打；但是他補充道，這並不是什麼大不了的事情。塞內卡的《論天意》中最後幾個章節，都是在詳細地談論如何對待他人的侮辱，就是為了說明**智者根本不會在意別人的侮辱**。在第十四章中，他寫道：「如果一個智者被人打了，他會怎麼做？當有人打了加圖[46]一耳光，他是怎麼做的呢？他既沒有發火，也沒有反脣相譏，更沒有毆打對方一頓，他僅僅是不去理會它。」

「好吧好吧，算你說的對，」你們說：「可那些人都是有智慧的哲學家啊！」——那你們是什麼呢？傻瓜嗎？誠然。

由此可見，古人對騎士榮譽原則一無所知。也正是由於這個簡單的原因，**他們總是以一種自然且不偏不倚的態度來處理人類事務，不允許自己被任何如此邪惡糟糕的愚行影響**。落在臉上的一記拳頭，對他們而言，只是一記拳頭，只是輕微的身體上的損傷，別無其他；

46 羅馬共和國時期的政治家、國務活動家、演說家，同時也是羅馬歷史上第一個重要的拉丁語散文作家。

然而現代人卻有本事將之渲染成一場大災難，簡直就是一個悲劇的主題，例如高乃依[47]的《熙德》，或是德國最近一部關於中產階級生活的喜劇，名叫《環境的力量》——依我看應該要取名《偏見的力量》才對。若是一個法國國民議會的成員挨了一記耳光，那這記耳光勢必響徹整個歐洲，鬧得沸沸揚揚、滿城風雨。

現代這些信奉騎士榮譽的體面人們，看到我列舉的古人們如何泰然對待羞辱的經典事例，大概會很不服氣，覺得不合時宜。那麼我會推薦狄德羅[48]的傑作《宿命論者雅克》裡，關於德格朗先生的故事，這堪稱是現代騎士榮譽的優秀典範，這些體面的先生們無疑會從中找到樂趣並獲得啟發。[49]

讓步你就輸了嗎？

我們可以很清楚地發現，騎士榮譽的原則並不是出自人類自然且本質的天性，只是人為的產物，因此其根源並不難尋。它誕生於一

47 法國古典主義悲劇的代表作家，法國古典主義悲劇的奠基人。

48 法國啟蒙思想家、唯物主義哲學家、無神論者和作家，百科全書派的代表。

49 此故事描述兩位信奉騎士榮譽的人（其一為德格朗先生）追求同一女子，因為細故決定決鬥，最後由德格朗先生獲勝。誰要把這典型故事和以往發生的同類事情比對一下，就一定會說，和其他事情一樣，古人顯得多麼偉大，現代人又是多麼渺小！——叔本華原注。

個特定的時期，也就是人們大多**對動手不動腦倍加稱頌的中世紀**，騎士制度束縛了人們的思想。那是一個**人們既乞求全能的上帝眷顧，也接受祂的評判的時代**；是一個當發生疑難案件時，由神判法，也就是上帝的審判來裁決的時代。神判法通常也就意味著一次決鬥，不僅是騎士貴族們會採取決鬥的方式，普通市民之間也會透過決鬥來解決紛爭。在莎士比亞的《亨利六世》[50]中就有一個很好的例子。

每一次司法判決最終都會訴諸武力——這是更高一級的法庭，是上帝的審判。這種生理的力量與活動是我們的動物本性，取代了理性坐上了裁判的位置——**判斷是非並不是根據一個人的所作所為，而是根據對手的力量強弱**，這實際上與我們當下流行的騎士榮譽的原則同宗同源。

倘若還有人對我們現代決鬥的這一真正源頭表示懷疑，我建議他去讀讀米林根那本出色的《西方決鬥史》。時至今日，這個騎士榮譽體系的支持者們——順便提一句，他們通常沒怎麼受過教育，更算不上有思想的人——依然把決鬥的結果當作是神的裁決，而這種看法毫無

50第二幕，第二場。——叔本華原注。

疑問是根據傳統流傳下來的。

先撇開源頭的問題不說，騎士榮譽原則傾向於透過暴力恐嚇來強行獲得人們表面的尊重，而在現實生活中努力去贏得別人的尊重則被認為是既困難又多餘的。

奉行騎士榮譽類似於想要證明屋子是暖和的，於是用手握住溫度計以便讓它的溫度升高。公民榮譽旨在和平交往，別人認為我們值得信任，因為我們無條件地尊重了他們的權利；騎士榮譽則在於我們要讓自己令人生畏，讓別人知道我們會不計一切代價保護自身權利。

本來，人類的誠信並不值得信賴。比起令人信服，騎士榮譽的原則「讓自己令人生畏」，從本質上來說並沒有什麼錯。如果我們生活在一種自然的狀態中，每一個人都必須保護自己、必須直接捍衛自己的權利，那麼也許我們的確不能信賴「人類的正直」。但是**在文明社會，國家承擔了保護我們個人和財產安全的責任，騎士榮譽原則就再無用武之地了**——它就像舊時的城堡和瞭望塔，矗立在種滿了莊稼的田野和人來人往的馬路上，甚至鐵路之間；它一度可能是正確的，但現在只是那個「用拳頭說話的年代」遺留下來的無用廢棄物。

頑固地沿襲騎士榮譽原則，僅僅是在個人口角之爭一類小案件中發揮作用——根據法律，這類案件通常只需處以輕微的懲罰，或者只是些玩笑性質的小小打鬧，根本無需處罰。但在處理這類事情時，騎士榮譽原則誇大了個人的價值，與人的天性、構造或命運完全不相稱，把人的價值提升到一種神聖不可侵犯的程度。從騎士榮譽原則的角度來看，國家對這些小小的冒犯處罰力度很不夠，於是被冒犯者就自己跳出來為民除害——要嘛奪走那個冒犯者的生命，要嘛是卸掉人家的一條腿或一隻胳膊作為懲罰。**這很明顯是由於驕縱的自尊心過度膨脹，完全忘記了人的本質是什麼造成的。**

騎士榮譽要求個人絕對不能受到任何攻擊或譴責。那些決心透過武力實踐這項原則的人，他們的行為準則就是「誰要是膽敢侮辱我或動手打我，那他就死定了！」——這樣的人倒是真應該被人們驅逐出他的國家。[51]

人們通常對於這種魯莽的傲慢，採取視而不見的姑息態度。

---

51 騎士榮譽是自大和愚蠢的產物，值得注意的是，這種極端的自大傲慢要求它的信徒們把表現最大的謙卑作為他們的責任；而在這之前的世紀，在其他各大洲，都不曾聽說過這種騎士榮譽的原則。但我們不能把它歸之為宗教原因，而應該歸於封建制度。在這種制度下，每個貴族都各自為政，不承認在他之上還會有由人擔任的制裁者。所以，他們把自己視為神聖不可侵犯。因此，任何針對他的侮辱言詞和攻擊行為，就猶如十惡不赦的死罪。因此，騎士榮譽和決鬥本來就是貴族專用。後來，士官階層的人也仿效這種習氣，不時和上層社會往來，以避免顯得自己太不重要。決鬥是騎士榮譽的實行和發展的結果。不承認任何由人擔任判決者的人，會尋求上帝的裁決。不過，神判不是基督教所特有的，它在印度教也有很大的影響力，尤其在古老時代。它的痕跡至今猶在。——叔本華原注。

倘若兩個不怕死的人狹路相逢，誰也不願意讓步，原本是極小的一件事，卻由口角上升到拳腳相向，最後變成致命的鬥毆——甚至為了使這個程序看起來更得體，乾脆省略中間的步驟，直接跳到最後一步，馬上兵戈相見。

訴諸武力已經發展出了專門的模式，並形成一套硬性的、死板的體系制度，堪稱一齣最莊嚴的膜拜愚昧的鬧劇。

如果這兩個不怕死的人在某些小事上面有分歧（重要的事情還是要透過法律手段來解決），他們中更聰明的那個人肯定會讓步、會同意保留各自的意見。這一點完全可以從普通人的事實中找到證據——看看那些不知道騎士榮譽原則的社會各個階層的人吧，他們通常會用正常的方式處理爭端。在這些階層的人中間，殺人事件比在那些信奉騎士原則的人（他們可能只占社會人口總量的千分之一）中罕見一百倍——**順從普世原則的人，甚至連動手的情況也很少發生。**

據說，和諧社會的禮儀和良好的社會習慣，都是基於騎士榮譽的原則，因為它的決鬥體系，已成為對抗野蠻和粗魯行為的堡壘。但是在雅典、哥林多和羅馬，我們可以看到，並不需要依靠騎士榮譽這個妖怪，就能形成良好甚至一流的社交氛圍，以及優雅的禮儀習慣。

榮譽對我們的可怕影響

過去，女性確實沒有像現在這樣，在社交場合占據主導地位，但現在的談話內容多是瑣碎無聊的，並且排斥一切有分量的嚴肅話題。這樣的改變必然在很大程度上造成我們崇尚個人的勇氣，甚於其他的品質。

事實上，**個人勇氣是極其次要的美德**，不過是一般軍人的顯著特徵；**低等動物甚至都比人類更有勇氣**，否則怎麼會常常聽到人們說「像獅子一樣勇敢」這樣的話呢？**騎士榮譽不僅在大方面為虛偽和無恥提供庇護，也遮蓋了小事上的粗魯不文、欠缺考慮和不禮貌**。對於粗野，人們常常緘口沉默，沒有人敢冒著生命的危險去糾正別人。

那些恰好在政治和財政紀錄方面都顯示出不太體面的民族，決鬥體系往往在其國家被血腥的熱情推崇到了無以復加的地步。至於這個國家民間生活是怎麼樣的，最好問問那些在這方面有經驗的人。總之，這樣的國家欠缺文化禮貌和社交修養是顯而易見的。

在騎士榮譽的藉口面前，不存在真理，因此需要強烈呼籲更多的公平正義。當你對一條狗咆哮，它會咆哮回來；但若把它當寵物養起來，它就會對你搖尾乞憐。用敵意回應敵意，對任何輕慢或嫌惡感到憤恨和生氣，這幾乎是人的天性，正如西塞羅所說：「侮辱和苛刻的怠慢帶來的傷痛深入骨髓，就連有智慧、有價值的人都難以承受。」

也許除了信仰某些宗教教派的人，世界上沒有哪兒的人可以平靜地接受侮辱或毆打。但是，一般而言，不論是遭遇了侮辱還是毆打，當事人除了要求與被冒犯程度差不多的報復之外，絕不會要求更多。例如，一個人被指責撒謊、愚蠢或膽小，絕不會要求把對方置於死地來作為懲罰。

德國人關於「凡羞辱必血償」的古老理論，就是源自中世紀那令人作嘔的迷信。**在任何情況下，對侮辱的回應都該由憤怒主導**，而不是由那些騎士制度的擁護者們所謂的「榮譽和道義」來主導。事實上，**指責我們的話語所造成的傷害程度，是由這些話語擊中目標的程度而定**——只要別人戳中了我們的軟肋，那麼，即便是一個最輕微的暗示，造成的傷害都比一個雖然嚴厲但毫無根據的指責更嚴重。如此一來，如果一個人十分確定別人對他的指責文不對題，那他就會自信地對指責不屑一顧。

但騎士榮譽原則卻要求我們展示一種並不具備的敏感性，用血腥的報復來處理那些我們根本不覺得屈辱的侮辱。如果一個人不惜對口頭上冒犯他的人拳腳相加，只是為了阻止那些不敬的言語流傳開來，只說明了這個人對自我的價值評價不高。**一個真正懂得欣賞自我價值的人，會泰然面對侮辱和詆毀；即使做不到全然漠視，仍會情不自禁地感到憤怒的話，機智和文化修養也會幫助他掩飾憤怒、保全面子。**

如果我們能夠消除對騎士榮譽的迷信，也就是說，在受到侮辱的時候不再感覺被侮辱、不再想反脣相譏，也不再認為以侮辱回敬侮辱就能挽回自己的榮譽；如果我們能夠阻止人們繼續錯誤地以為用暴力維護自己的榮譽是理所當然的，對於不公正就應該動輒拳腳以對——如果可以做到這些，那麼人們很快就能普遍地接受這樣一個觀念，那就是「面對侮辱和輕視，雖敗猶榮」。正如蒙蒂[52]所說：「惡言謾罵好比教堂裡的佇列，總是返回到原點。」如果人們能夠這樣看待侮辱，那我們就再也不必惡言相向，以證明自己是正確的了。但很不幸，像現在這樣，首先必須顧慮的卻是**我們說的話會不會得罪那些狹隘的笨蛋**，要知道，哪怕一點點的深刻也會讓他們感到恐慌和憤怒——有思想有頭腦的人不得不和又蠢又狹隘的人展開搏鬥，這樣的情況實在太常見。

倘若所有一切都可以這樣理性地處理，思想智力的優越性就能在社會中拿回本屬於它的主導地位——可惜不得不承認的是，**現在主導社會的是那些擁有蠻力和匹夫之勇的人**。若真能改變，那麼優秀傑出的人們就有了無須逃避社會的理由。這樣一來，就可以為真正良好的、有教養的社會氛圍鋪平道路，正如雅典、哥林多和羅馬曾經有過的盛世一般。如果有人對我所說的好例子感興趣，那麼我推薦他去讀

52 義大利新古典派詩人、劇作家。

一讀色諾芬[53]的《盛宴篇》。

為捍衛騎士榮譽所做的最後一個辯護，無疑是這樣的：「可要不是有它存在，那每個人不就都可以隨意動粗了嗎？世界將會變得多麼喧囂啊——太可怕了！」

我先來簡單地回應一下。**一千個人裡面，有九百九十九個人都不了解騎士榮譽原則**，通常他們挨了揍或是揍了別人，不會有任何致命的後果。但對騎士榮譽的擁護者們來說，挨一記拳頭常常意味著要同對方鬥個你死我活。

讓我再來更加詳細地談論一下這個問題。

為了解釋部分人類根深柢固地抱持著的「被人打一拳相當嚴重」這個觀念，我曾努力想要找出一些站得住腳的，或者至少貌似合理的依據，而不僅僅只是花俏漂亮的說辭。但我找了一圈，不論是用人類天性中的動物性，還是用理智來解釋，終是徒勞無功。

動手打人一巴掌不過是——並且永遠都只是一個人可能對另一個人造成的——一次輕微的肉體上的傷害，不過是表明了一個人更有

53 古希臘歷史學家、作家，以記錄當時的希臘歷史、蘇格拉底語錄而著稱。

力量、出手更快，或是他的對手當時壓根兒沒留神，一不小心就被打了，除此之外並不能證明什麼，再怎麼分析也沒用。

同一個騎士，會把別人打他一拳當成是罪大惡極不可饒恕的；但是如果他被他的馬踢了，哪怕這一踢比人類那一拳厲害十倍，當他忍著劇痛一瘸一拐地走開時，他也會向你保證這沒什麼大不了的，不算什麼。我不禁開始想：**原來，人的手才是埋得最深的禍根**。然而這個騎士可能會在戰鬥中被同一隻手砍傷、刺傷，那時他仍舊會向你保證說，這些傷不值一提。

我又聽說，被馬刀的刃拍打，好過被棍棒一擊。前不久，有軍校學員接受懲罰時寧可被馬刀拍，也不願被棍棒打一頓，因為只有獲授騎士稱號時才會被馬刀刃面輕拍肩頭，這對他們來說簡直是最偉大的榮耀。

以上就是我能找到的所有心理或道德的基礎。除了宣布所謂「騎士榮譽」就是一個已經過時但依然根深柢固的迷信之外，我無話可說，可見傳統的力量有多巨大。有一個非常著名的事實可以證明我的觀點，那就是在中國，對普通人來說杖責是很常見的懲罰，甚至對於政府的各級官員來說也是如此——那可是一個高度文明化的國度，卻也並不贊成類似騎士榮譽的原則。

公正地說，打架是人的天性，猶如撕咬是野獸的天性，或推撞是帶角動物的天性一樣，**人不過就是會用武器打人的動物**。因此，當我們聽說誰用嘴咬了人會覺得震驚，而動手打架則是非常自然的一件事。透過接受教育提高修養並學會自我克制，我們很樂意摒棄打鬥。但是，強迫一個國家或某個特定階層相信一個巴掌是天大的不幸，必須爭個你死我活才行，這也未免太過慘無人道。

這個世上已有太多邪惡的不幸，如果我們再人為地增加一些幻想的不幸，反而會產生真正的不幸——這正是愚蠢又險惡的迷信帶來的影響。

遭受侮辱時，我們該怎麼辦？

我認為政府和立法機關試圖在民間或軍隊中廢除體罰是不明智的，他們以為這是在維護民眾利益，但實際上**廢除體罰只會強化愚昧的迷信**——人們已經為此付出了太多犧牲。

除去最嚴重的情況，一旦犯法，人們自然而然最先想到的就是給犯人一頓教訓——既然不聽勸，那就挨打好了。對那些一無所有、交不出罰金的人，或因為人們需要他工作效勞而不能被關進監獄剝奪其自由的人，我認為體罰是最適合的手段。有什麼理由來反駁呢？除了一些「人的尊嚴」之類的說辭——但支撐這類說辭的也並不是什麼清晰的概念，不過就是這個我一直都在談論的有害的迷信。下面這個近乎好笑的例子，就可以說明這種對榮譽的迷信有多荒謬：不久前，在許多國家軍隊的紀律中，鞭笞被棍打取代。這兩種處罰的目的都是讓肉體受罪，但是人們認為後一種方式更體面，不會有損榮譽。

人們盲目地推崇騎士榮譽原則，實際上助長了決鬥之風。與此同時，人們又在努力，或至少假裝在努力地試圖透過法律來廢除決鬥。我們會發現在最野蠻的中世紀時期流行的「強權即真理」殘餘碎片，延續到了現在，滲透在我們十九世紀的生活中——這是何等的奇恥大辱！是時候徹底拋棄這種原則了！

現在鬥狗或鬥雞已經被禁止了（至少在英國這是刑事犯罪）。但是人與人之間反而會因為這項荒謬的、迷信的、虛妄的騎士榮譽原則互相鬥毆；為一點雞毛蒜皮的瑣事，就要像兩個角鬥士一樣拚個你死我活，這正是那些思想狹隘的騎士榮譽擁護者們為其鼓吹宣揚的結果。因此我建議我們的語言大師以 baiting（縱鬥）這個詞，來取代 duel（決鬥），要知道 duel 一詞很可能不是源於拉丁語的 duellum，而是來自西班牙語的 duelo，那意味著**遭受痛苦、不安和厭煩**。

崇尚決鬥的人一本正經而愚蠢地迷信迂腐的騎士榮譽，已經為我們提供了太多笑料。騎士榮譽以其荒誕的原則為中心自成一國，實在令人厭煩——**在這個王國裡，強權即真理，不分青紅皂白，只用拳頭說話**；對於屈服在騎士榮譽權威之下的各個階層施以暴政維持秩序，透過設置神聖的宗教裁判庭來解決任何紛爭，每個人都可能因為一些微不足道的小事而被人挑釁，進而被迫接受來自上帝的生死判決。**這是每一個無賴的藏身之所，只要他信奉騎士榮譽，就可以受到庇護**，可以任意恐嚇威脅，甚至除掉那些最高貴的、最好的人——卓越和高貴本身就會招來惡棍嫉恨。

現有的司法制度和員警已經使得惡棍不大可能在街上沖我們喊：「要錢還是要命？」同樣的，理智的常識應該也能阻止惡棍擾亂社會良好的秩序，不會再沖我們喊：「要命還是要榮譽？」最後，上流階層也該卸下肩上重任，不要再時時刻刻準備著將自己奉獻給那些隨心所欲的挑釁，為野蠻、愚昧或惡意付出生命的代價。兩個愚蠢的、少不更事的年輕人，可能僅僅因為出言不遜，就頭腦發熱地大打出手，最終血濺當場、賠上性命，又是何苦？

被侮辱的人由於與冒犯者地位相差懸殊或其他一些原因，而不能恢復自己受損的騎士榮譽時，往往陷入絕望而自殺，以一齣悲喜劇的方式慘澹收場。由此可見，在這個自成的一國中盛行的暴虐和迷信的力量有多荒謬。如果按照邏輯，事情的結果應當是這樣的，但事實上它卻得出了相反的結果，也就是說事情的發展到了自相矛盾的地步，那麼其間的荒謬和錯誤也就不言而喻了。例如，公職人員禁止參加決鬥，但如果被挑釁了卻拒絕迎戰的話，他將受到開除公職的處罰。

既然已經談及了這個話題，那麼我不妨再開門見山一些。在一場公平的較量中，用同等級別的武器裝備殺死你的敵人，和從背後伏擊你的敵人這兩者之間，在只認拳頭不認對錯的民眾看來，是有著重大差別的，也就是說**人們認為更強大者更有理，凡事只需訴諸武力，由神來裁決。**

在公平的搏鬥中殺死敵人，只是證明了你在力量上或技巧上高他一等；而要評價這種行為，就必須要假設「強大就是有理」這樣一個前提。但事實上，**倘若我的對手沒有保護自己的能力，這給我的只是一個殺死他的可能性，而不是殺死他的理由。**是否有理，從道義上講，必須取決於我要取他性命的動機。就算我有足夠充分的理由殺死一個人，那也不是說「因為我在射擊或擊劍方面比他好，所以他就該被我殺死」。相反，我到底採取什麼方式殺死他並不重要，無論我是正面迎擊還是背後偷襲他，都不重要。

從道義的角度來看，更強大者的殺戮理由並不比耍詭計者的充足；如果你要謀殺一個人，耍詭計也是必要的。**在決鬥中，強權和詭計是完全對等的**，兩者都發揮了作用，所謂「佯攻」也就是背信棄義的另一個說法。如果我認為殺人在道義上是合理的，那麼我光是想「他在射擊或擊劍方面是否優勝於我」就是愚蠢的；因為如果可能的話，我的對手不僅僅是想證明我是錯的，還要反過來傷害我，奪取我的性命。

盧梭認為，**報復侮辱的恰當方式不是與挑釁者決鬥，而是去暗殺他**——當然他十分謹慎，只是在一本名叫《愛彌兒》的書中，以一個神祕的注釋暗示了這個觀點。這一點說明這個哲學家完全受到了騎士榮譽迷信的影響，以至於他認為，誰要是指控你說謊，那麼謀殺他就是正當的。可是，盧梭肯定知道，每個人，尤其是他自己，都說過不可計數的謊言，都配受到這一指責。

有一種謬見認為，只要是光明正大地、與對手使用同樣的武器裝備，在這樣的情形下殺死了你的對手，就是正當有理的。但這顯然是把強權當成了真理；把決鬥看成是上帝的判決。而義大利人只要發現仇人，就怒不可遏地立刻衝上去襲擊對方，沒有任何繁文縟節，不論怎麼說，這種行為至少是自然的、說得通的——他也許是更聰明，但並不比參與決鬥的人更惡劣。如果你說，在決鬥中殺死敵人當然是公平的，因為那時他也盡力要置我於死地啊！對這樣的言論，我的回覆是：那是因為你的挑戰就已經置他於必須背水一戰來保護自己的境地。**這種故意把對方置於不得不戰境地的做法，本身就是好鬥者在找一個似是而非的藉口去謀殺對方而已。**如果雙方都一致同意將自己的生命押到決鬥上，那麼按照「對自願者不構成侵害」（Volenti non fit injuria）這一原則來看，倒也說得過去。然而，「受傷的一方並非自願受傷」，行凶者遵循的，是那暴虐又荒謬的騎士榮譽及其原則，正是它的荒謬殘暴把兩個決鬥者，至少其中的一個，拽到了血淋淋的刑堂上來。

關於騎士榮譽這個主題我已經說得相當多了，但我實在是用心良苦——對於這個如奧吉亞斯的牛圈[54]般藏汙納垢的世界，唯有借助哲學，才能把那些道德、智力上的骯髒之處清掃乾淨。

有兩件事使得現代生活的社交活動與古人的社交生活相比不占優勢，因為它們給我們的時代帶來了陰鬱、昏暗又不祥的一面，而古時沒有這些弊病，就像是生命的早晨般新鮮、自然。**在此，我是指現代的榮譽和現代的疾病**，聯合在一起就是生命中所有關係的毒藥，不論是對公共關係還是對私人關係而言，這對著名的搭檔產生的影響，比最初看起來要深遠得多，它們不僅是生理疾病，還是道德上的暗疾。一種疏遠的、敵對的，甚至是惡毒的元素侵入了男人與女人的關係之間，自從在丘比特的箭袋裡找到了有毒的箭矢開始，那毒素就像一根不祥的恐懼和猜忌之線，貫穿於男女交往的經緯之中，間接地動搖了人類關係的基礎，也或多或少地影響了人類整個存在之基。但是它與我進一步探討這個主題的主要目標無關。

騎士榮譽的原則所產生的與此相似的一個影響——雖然這種影響

54 典出希臘神話故事，比喻極其骯髒的地方。

作用於其他的範圍——使現代社會變得僵硬、陰鬱和陰暗，對古老世界而言是陌生的莊嚴的鬧劇，迫使我們必須密切注意將要降臨己身的每一個詞語，而這還不是全部。這項原則簡直就是公民供奉的人身牛頭的怪物彌諾陶洛斯；在每年的進貢中，要求找一大批貴族家庭的兒子們做犧牲品，不是只來自某一個國家，而是來自古老歐洲的每片國土。是時候去給這愚蠢的制度致命的一擊了，這就是我現在正試圖做的事。在本世紀結束之前，現代社會的這兩隻大怪獸會消失嗎？

讓我們來寄希望於國家機器，盼望能找到阻止其中一個怪獸的方式，至少透過哲學來洗滌我們的思考可以完成一個任務——**唯有透過清洗我們的思想，惡魔才有可能被連根拔除**。政府已嘗試透過立法來做到這一點，但是失敗了。

然而，倘若政府確實想要消除決鬥制度的話；倘若他們的努力收效甚微，確實只是由於他們沒有能力處理這個惡魔的話，那麼，我不介意提名一種我打包票會成功的法律。它不會牽涉到血腥的方法，既不需要求助於斷頭臺，也不需要用到絞刑架，或者囚禁生命的方式。

它就像是**順勢治療法**，不會有可怕的後遺症：倘若有人發起或接受一次挑戰，就讓下士從看守所帶走這個罪人，然後在足夠敞亮的光線中，當眾用一根棍子打他十二下作為體罰；為決鬥者奔走效力的，則杖責六大棍。對於決鬥造成的後果，則走正常的刑事程序，依法追究相關責任。

一個具有騎士榮譽思想的人，也許會反駁說，如果被執行了這樣的處罰，有榮譽感的人可能會選擇自盡；針對這一點，我的看法是，**像這樣的傻瓜要是開槍自殺，也比讓其他人的利益受損強**。然而，我很清楚政府並不真的打算要廢除決鬥。文官，甚至是軍官（除了那些職位最高的人之外），報酬都與他們付出的服務極度地不對等；不足的部分就由榮譽來填補，而榮譽則由頭銜和勳章表現——總而言之，**榮譽是透過等級制度和差別制度表現出來的**。可以這麼說，決鬥是為了給人們的等級提供額外服務的方式，因此人們在學校裡就會被培訓這方面的知識。這些事情通常發生在那些嫌報酬給得少的人身上，他們會透過流血的方式來尋求平衡。

結束討論之前，請允許我在此提及一下**民族尊嚴，這是一種在面對外來入侵的時候，整個民族抱成一團的榮譽感**。沒有法庭可以申訴，只有訴諸暴力法庭；也由於每個民族都必須準備好為捍衛本族的利益而戰，一個民族的榮譽主要在於形成一種信念，人們不僅應當去堅信這種信念，還應當敬畏這種信念。任何一個涉及民族權利的襲擊都絕不允許被忽略過去。它是市民榮譽和騎士榮譽的結合體。

名聲：曇花一現還是永垂不朽？

關於我們在別人眼中的樣子，也就是別人對我們人生的評價，還可以透過我們獲得的聲望來表現。

名聲和榮譽是一對雙子星，就像古希臘神話中宙斯的孿生子卡斯托耳和波魯克斯，兄友弟恭、親密無間，但一個註定難逃一死，而另一個卻是永生的。

比起終將逝去的榮譽，名聲可謂不朽。當然，我指的是名副其實的聲望，這個世上有許多名氣、名聲不過曇花一現，只是過眼雲煙。

榮譽僅僅是指人們在同等環境、條件下需要具備的素質，而真正的聲望要求的素質，卻不是能夠硬性規定人們具備的。榮譽關乎個人品質，意即每個人都有權把那些品質歸於自身；聲望則是別人給予的。**榮譽基於別人對我們的了解，範圍有限；而聲望卻先走一步，只要聲名遠播，我們就可以被很多人知道。**

每個人都可以要求榮譽，卻很少有人要求聲望——**聲望，只有用非凡的成就才能換取。**這些可建立聲望的成就，或者說途徑，分為兩類：立功和立言。

立功即建功立業，要求擁有偉大的心靈；立言是指著書立說，創作出偉大的作品，要求擁有過人的才智。

這兩種途徑各有利弊，最主要的差別是：**功業會消逝，而偉大作品則是不朽的，可以流傳千古。**立功的影響只能持續一段時間，但天才的作品不受時代局限，藏之名山，傳之後世，始終是鮮活有益且崇高的。所有功業留下的只是記憶，而記憶會隨著時間的推移而逐漸弱化直至被人淡忘。換言之，功業對我們而言是無關緊要的事情，最終會煙消雲散——除非歷史再次將其打撈起來、記錄下來，呈現在後人眼前，如化石一般。而作品可以流芳百世，**一旦付諸文字，就將永垂不朽**。

關於亞歷山大大帝，我們知道的只是他的名字和相關史料紀錄。但是柏拉圖、亞里斯多德、荷馬和賀拉斯卻是不朽的、活生生的，至今仍在影響著我們，就像他們曾在自己生活的時代，對當時的人們產生影響一樣。《吠陀經》、《奧義書》直到今天仍然陪伴著我們，但所有同時代的豐功偉績早已無跡可尋。

功業的另一個缺點就是，**太過依賴命運之神眷顧，全靠機遇**。因此，建功之人贏得聲譽並不完全是因為其內在的價值，而是源自外部環境，他的重要性由時勢造就，他的榮耀也由時勢成就。如果是在戰爭中，是否有功取決於少數目擊者的證明，取得的只是純粹個人的聲譽；更何況現場並不總是有證人，即使有，也並不總是公正且不偏不倚的觀察者。

好在建功立業是具體的行為，具有實踐特性，在普通大眾尚能理解的範圍之內。一旦事蹟得到確認，人們就會承認其功績——除非人們一開始並不了解某項行為背後掩藏的動機。如果不能理解動機，那麼要理解行為本身幾乎是不大可能的。

唯有作品永垂不朽

作品的情況恰好相反。從創作初期開始，作品就全部依賴於作者，而不是依賴機遇；作品只要還存在，就始終是以它自身原來的樣子存在著。

評價作品並不容易——通常作品的級別越高，就越難評價；很少有人既具備才氣又公正誠實，能夠正確恰當地評價作品。**好在作品的名聲並不只取決於一次評價，我們盡可以期待下一個人的評價。**

我已經說過了，豐功偉績只能透過單一記憶流傳下去供子孫後代追思；但**作品卻保留了自身原本的樣子流傳**，即使出現部分散佚，也不至於歪曲作品的本來面目。而隨著時間的推移，作品在創作和問世時所遭遇的不利的環境影響，也會慢慢消逝。而且**通常只有經過漫長的歲月，千里馬才能遇到伯樂**，人們才能夠真正地評價這些作品，最終形成完全公正的評判結果——即使有時需要歷經數百年才能對作品形成深刻的理解、得出最終的評價；而這樣的評價，無論此後時光如何流逝，也不會被推翻。因此，**一部偉大的作品必不可擋地會獲得不朽的名聲**。

作者能否在活著的時候親眼目睹自己的作品獲得承認、聲名大噪，則取決於機遇——作品越是高尚，越是偉大，作者能與有榮焉的機率就越小。塞內卡說過一句絕妙的話：「名聲緊跟成就，如影隨形，時前時後。」他還說：**「雖然同時代人出於嫉妒而保持沉默，但日後終將有人對你做出公正的評價，既不帶惡意，也不帶恭維。」**這句話說明，早在塞內卡的時代，就已經有一些無賴對別人的成就故意保持沉默，惡意地忽視它們的存在來抑制其價值。他們用這樣的方式向公眾隱瞞好的作品，以便繼續吹捧拙劣的作品。即使是在今天，人們依然踐行著這項陰謀，用保持沉默來表達嫉妒。

一般來說，名聲越是晚到，能夠持續的時間就越長——「優秀」需要時間來成就。流芳後世的名聲就像一棵橡樹，成長十分緩慢；盛極一時的名聲，持續時間短，就像那些一年生一年死的植物；而虛假的名聲更是曇花一現，便消亡不見。

為什麼會這樣呢？

這是因為，**一個人若越是屬於後世，換句話說，屬於全人類，那麼對於同時代的人而言，他就越是異類，越是無法被自己的時代所了解。**他的作品並不僅僅是為了同時代的人而做，沒有沾染上令人感到熟悉的當代色彩，他的作品是奉獻給整個人類的。他所做的一切讓人們感到陌生不解，他無法獲得認可，只能默默無聞地度過那個時代。而那些只為短短一生中的日常事務操勞的人，更容易被人們賞識，因為他們具有時代氣息，生於斯死於斯，與時代同生共死。

學會欣賞自己，不要指望別人來欣賞你

藝術史和文學史告訴我們這樣一條規則，人類思想的最高成就，通常都不是在一開始就被欣然接受的，直到它們得到了優秀者的注意，透過那些人的影響力獲得一定的地位，然後再憑藉作者給予作品本身的力量維持自己的地位，這才擺脫了默默無聞。

人們能夠真正了解並欣賞的，只是那些和自己的本性相呼應的東西。**無聊的人會喜歡無聊的東西，平庸的人只能欣賞俗套，思想複雜的人會對混亂模糊感興趣，沒有頭腦的人則會被愚蠢的東西吸引。**每個人都會喜歡吸引自己的作品，因為在作品中完全表現了他的性格特點。這是一個真理，和記憶力驚人的埃庇卡摩斯[55]一樣古老。他說：

如果有人孤芳自賞，還沾沾自喜，

你可千萬不要吃驚；

就像對於狗來說，世上最好的動物就是狗；

55希臘喜劇劇作家、哲學家。

牛對牛也是這樣，
驢子對驢子，豬對豬，
以此類推，莫不如是。

最強壯的手臂也很難把羽毛般輕盈的東西甩出很遠，並一舉擊中目標，因為如果不是按照其自身特點來加速，輕物很難接收外力，更何況是強勁的力量，它只會輕飄飄地落地。偉大而高尚的思想，甚至天才的傑作，如果只有貧弱、荒誕的頭腦來欣賞，那可真是慘！各個時代的智者們都曾為此悲嘆。

耶穌說：「對著傻子講故事，就像對著一個在打瞌睡的人說話一樣。故事講完了，他還來問『你說的是什麼呀』。」[56]哈姆雷特說：「機智妙語在傻子的耳朵裡睡覺。」[57]歌德也有類似觀點：「笨蛋的耳朵嘲笑著最智慧的語言。如果人們太愚蠢，我們也沒必要感到洩氣——朝沼澤裡扔石子，是不會激起漣漪的。」

利希滕貝格問：「當一個腦袋和一本書相互碰撞，發出空洞的聲

---

56 語出《聖經外傳》第二十二章，第八節。——叔本華原注。

57 語出《王子復仇記》第四場，第二部分。——叔本華原注。

響，這聲空響難道總是出自書本嗎？」他還說，「作品本身就像一面鏡子——**若是一頭蠢驢在照鏡子，你就別指望能照出一個聖徒來。**」

我們應當好好記住老蓋勒特[58]那些優美而感人的挽歌：「最好的禮物找到最少的欣賞者，大多數人錯把壞的當成好的。」——這樣的惡事司空見慣，簡直就像瘟疫，無藥可救，防不勝防。蓋勒特又說了：「人們要如何避免這種不幸呢？雖然艱難萬分，但我看也只有一個辦法了，那就是**愚人們必須要變得有智慧**——而這永遠也不可能發生。他們從不知道生命的價值，他們只是用肉眼來看事物，從來不用心，一味讚賞微不足道的瑣屑小事，因為他們就不曾懂得過什麼才是好的。」

人們思想水準低下，再加上「嫉妒」這個道德上的劣根性，既無法辨別好壞，更談不上賞識那些存在著的美好事物或優秀人物。一個人一旦獲得了聲名，就從眾人中脫穎而出，高於眾人，而別人的位置因此也就相應地被降低了。**所有顯著的價值都是以其他人一文不值為代價，被襯托出來的**。正如歌德在《西東合集》中所言：「讚美一個

58 德國啟蒙運動作家、詩人，以膾炙人口的《寓言故事集》聞名。

人就是貶低另一個人。」

這也就是為什麼無論「卓越」是以何種形式存在，但凡是優秀的東西，一露面就會遭到人數眾多的平庸之輩群起攻之；他們會聯合起來抵抗卓越，甚至盡其所能打壓它，這些人的口號就是「打倒卓越」。更有甚者，那些取得了一些成就，並因此而享有一定盛名的人，常常不願看到後起之秀聲名鵲起，因為別人的成功會掩蓋他自己的光彩。

因此，歌德說：「**如果我們不得不依靠別人的青睞而活，那還不如不活**。人們只想炫耀自己有多重要，根本不關心他人是否存在。」

名副其實還是浪得虛名？

和名聲不一樣的是，榮譽一般會得到人們的讚賞，而不會受到嫉妒的猛攻。每個人都擁有榮譽，除非被證實了榮譽已受損。但是**不與嫉妒進行一番惡鬥，就不能贏得名聲**，而且這場惡鬥的評判們本身就絕非公正。每個人都樂意與人分享榮譽，但名聲只能獨享——有越多的人追求，它就越高不可攀。

想要透過作品獲取名氣的難度，與可能會閱讀這部作品的人數呈反比。比起撰寫供人消遣娛樂作品的作者，學術著作的作者想要成名，難度大多了。而想透過撰寫哲學類作品成名就更難了，因為哲學類作品能夠提供給人們的教益尚且不明，從實用主義的角度來看甚至是無用的，所以**哲學著作主要吸引的讀者群以同行居多。**

既然成名如此困難，很顯然，那些艱難行進著的人們，如果不是出自內心的熱愛，也不是在追求探索中得到莫大樂趣，而是基於野心的刺激，那麼就絕少，甚至絕不可能為人類留下不朽之作。那些追求真善美的人們，為創作出優秀的作品，必須竭力避免假醜惡，並敢於抵制和推翻大眾強加的觀點、敢於藐視大眾的評判，這樣一來即使他們不想成名，也依然會聲名大噪。這也就是所謂**「名聲回避那些追尋它的人，反而追尋那些回避它的人」**，有人努力迎合同時代人們的口味，也有人敢於挑戰權威。

儘管成名很困難，但一旦建立了聲望，要保持卻很容易——不像每個人都有資格享有的榮譽，雖然無須去贏得，只要保證不失去就可以，但問題來了！**一次卑劣的行為就可以讓榮譽毀於一旦。而聲望，只要名副其實，就不可磨滅**，因為一個人賴以成名的功績或是作品已經存在，始終如一，即便日後他並沒有再做任何配得上這名聲的事情，已經取得的聲望依然存在。如果名聲消逝了，或在人死之前就已被遺忘，只能說明它本身就是虛假的，換句話說，這樣的名氣是沒有價值的，「有名」不過是短期內對一個人的作品過度推崇導致的後果。要嘛就像黑格爾享受過的那種名氣，利希滕貝格對它的形容是：「被一群吹捧他的在校大學生們大肆宣揚，然後在空洞的頭腦中產生了虛假的共鳴——他那荒誕不經的語言結構，猶如一個精緻的鳥巢，裡面的鳥兒早就飛走了；敲開那不出意外早已破敗了的結構之門，就會發現其中空空如也！連一絲能讓過客駐足的思想痕跡都沒有，這樣所謂的大名鼎鼎只會令後人發噱。」

名氣代表一個人與眾不同。**在其他人成名的瞬間，這個人的名**

氣就消失了，沒那麼有名了。所以從本質上來說名氣是相對的，只具備相對的價值。在任何情況下都能保有其價值，或說是其自身直接擁有的，才具有絕對的價值。擁有偉大的心靈或偉大的頭腦，而不僅僅是名聲，才是值得的，才是通往幸福的關鍵。**一個人應當推崇的不是名氣本身，而是那些能夠讓你出名的東西**——這才是實在的，名氣不過是偶然隨之而來的，只是一種外在的表現，證明了自己獲得的高度評價沒有錯。正如光線本身是不可見的，除非有別的物體來反射它。同樣的，一個人的卓越之處，只有當他名聲在外時才具有無可爭議的價值。但是名聲並不能全然代表一個人所具有的價值——即使擁有名聲，也並不意味著真的就是名副其實，萊辛說得好：「有些人空負盛名，有些人卻有實無名。」

仰仗別人的看法來確定自我的生存價值，實在很可憐。如果一個英雄或是天才被全世界的掌聲包圍著，他的價值只在於他的名氣，只在於別人對他的肯定，這樣的人生該是多麼悲涼！每個人都是依據自己的本性而存在，主要是從自身的角度為自己而活——**你是什麼樣的**

人、以什麼樣的方式存在，才是最重要的，其他任何人都與此無關。因此，如果自身本性不具備價值，那麼這個人也就欠缺價值。他人如何看待我們的存在是次要的，是衍生出來的枝節，受制於偶然，只能間接地影響我們。再說了，大眾的頭腦多麼空洞淺薄啊，怎麼能把我們的幸福建立在別人的幻想之中呢？**別人說你幸福，你就真的幸福了嗎？那是不可能的。**

真正的名聲

所謂的名人殿堂，裡面真是魚龍混雜：上將、大臣、江湖郎中、雜技藝人、舞者、歌手、百萬富翁、猶太人等。各式各樣的人聚集在這座殿堂裡，但實際上，比起那些擁有真正高尚靈魂、才華橫溢的人，反倒是這些人獲得了人們更多真誠的賞識和由衷的敬意。對於真正傑出的精神思想，大多數人只是在口頭上表示敬意而已。

從人類幸福的角度來看，我們那被驕傲和虛榮養刁了的胃口，就愛吃「出名」這碟開胃菜，**即使它毫無意義，但至少精緻**。雖然這份貪欲被小心翼翼地掩藏起來了，但實際上**每個人都懷有毫不節制的驕傲與虛榮**，尤其對那些不惜任何代價一心想要成名的人來說，這種欲望是最為強烈的。像這樣的人，在有機會證明自己的價值並獲得他人賞識之前，不得不在漫長的時間裡，在不確定中苦苦煎熬。對他們來說，這就像是在遭受著某種隱祕的不公正[59]。

正如我在開篇解釋過的那樣，人們在意他人眼中的自己價值如何，是沒有道理的，他人眼中的價值與實際的價值是不相稱的。霍布斯[60]就此有一些言辭犀利的表達，十分正確。他寫道：「人們醉心攀比，攀比讓我們更看重自己。」由此可知人們為什麼如此重視名聲，但凡有一丁點兒機會，就不惜一切代價也要出名。米爾頓[61]在《利西達斯》中說：

浮名（這是高貴的心靈最後的弱點）

---

59 我們最大的樂趣在於受到別人豔羨，但那些羨慕我們的人即便理由充分，他們仍不願表達自己的欽羨之情。所以，能夠不理會別人的看法，真正做到發自內心讚美自己的人，就是最幸福的人。——叔本華原注。

60 英國政治家、哲學家。

61 英國詩人、政論家，民主鬥士，代表作為《失樂園》。

攪亂了清晰的頭腦，
鞭策人們蔑視快樂，
只顧低頭操勞、一心向前。

另外，他還說：

名聲的殿堂高遠地矗立著，
熠熠生輝，光芒萬丈，
但要爬上去又是何等艱難！

這樣我們就可以理解，何以世上最虛榮的人總是喜歡談論榮光，將之視為信仰，視為建功立業和創作出偉大作品的原動力。但從本質上來說，名氣只是次要的，只是價值的衍生品，是貢獻的回聲或映射，就彷彿一個影子，或是標記。無論如何，使得別人崇拜你的，必定比崇拜本身更有價值。**盛名不能帶來幸福，但令人享有盛名的東**

西，也就是人們創造出的成績或貢獻，一定能讓人感覺幸福。或者更確切地說，創造出這些成績或貢獻的，是**人自身價值帶來的思想和能力**，無論是道德方面還是智力方面，這才是能讓人感覺到幸福的根本所在。

一個人的天性中最好的一面，必定是對他自己要比對其他人更加重要。他反映在別人腦中的樣子，以及別人對他的評價，只能對他產生十分次要的影響。**應當出名卻默默無聞的人，其實擁有了更重要的幸福元素**，這樣的幸福應當可以安慰他在其他方面的不如意。

一個人被一群烏合之眾或是昏頭昏腦、缺乏判斷力的人們認為是偉大的，並不值得羨慕。我們羨慕一個人，是因為他確實是一個偉大的人。這樣的偉人，**他的幸福不在於後世的人會如何傳頌他，而在於他創造了有價值的思想**，他的思想千百年後依然值得人們研究、值得被銘記。如果一個人是這樣的，那麼他就擁有了別人無法剝奪的東西，他的幸福掌握在自己手中，不像那些徒有虛名的人。

倘若一個人追求的是受人崇拜，只能說明他沒什麼值得被崇拜的

東西。浪得虛名就是這樣的情況——得到了名聲，但不配享有這個名聲，是謂虛名；浪得虛名的人享受名聲帶來的好處，卻不具備名聲所代表的價值和分量。虛假的名聲常會把一個人從他的幻想中拉出來，因為，**儘管徒有其名的人為了自身利益而自我欺騙，但處於自己並不真正能夠適應的高度時，仍會感到眩暈**，會覺得自己不過就是一個贗品、一個冒名頂替者而已；他隨時都得擔心會被人揭穿本來面目，害怕自己被打回原形後，曾經擁有的那些有價值的東西全部化為泡影；在有識之士的面前，他似乎已經看到了身後會遭受的非議，這讓他痛苦萬分——這樣看來，他倒真像是個偽造遺囑騙取財產的人。

最真實的名聲，是流傳身後之名，並不會被這一名聲的主人知曉——即便如此，人們還是會認為這樣的人是幸福的。他的幸福在於，他既擁有了那些替他贏得名聲的非凡素質，又得到了施展的機會，並享有足夠的條件，能滿心歡喜地投身於他的熱情所在——只有這樣創作出來的作品，才能收穫身後殊榮。

偉大的靈魂或健全的理智，是快樂的根源。思想理智在作品上留下深深的烙印，將會受到後世的讚嘆膜拜；而那在當時使創作者感到幸福的思想，將會成為將來那些具有高貴思想靈魂的人們學習的資源和樂趣所在。

流芳百世的身後名，其價值就在於實至名歸，這就是名聲真正的唯一回報。至於取得身後名的作品是否能讓作者本人在有生之年獲得同時代人的賞識，則純屬運氣。但這並不重要，因為常人不具備批評能力，沒有能力鑑賞高級別的偉大作品或成就。所以，人們總是被權威影響。但凡聲名遠播，就意味著有九九%的人都會信以為真。一個在他有生之年就聞名遐邇的人，如果夠聰明，則不會太過看重那些讚美聲，他會知道那不過是幾個聲音在迴響而已，而這為數不多的幾個聲音也不過是一時的產物罷了。

想想看，如果一個音樂家知道為他鼓掌的人幾乎都是聾子，而為了掩飾缺陷，他們只要一看見有人鼓掌，就跟著熱烈地鼓掌，那麼這個音樂家還會為雷鳴般的掌聲感到飄飄然嗎？如果他湊巧知道，那帶頭鼓掌的一兩個人，還是因為收了報酬，鼓掌只是為了帶動氣氛，他又將會說些什麼呢？這也就是為什麼**同時代的讚譽，絕少會發展成為身後的名聲。**

什麼樣的人容易出名？

達朗貝爾[62]對文學名聲的殿堂做了一個極其精妙的描述：「文學的殿堂裡棲居著一群偉大的死人，他們生前在這裡並沒有一席之地；而這殿堂裡那極少數的幾個活人，卻幾乎是一死就被排擠出來了。」順便說一句，**在一個人活著的時候給他樹立豐碑，就等於是在宣告，我們不放心後人來評價他。**

倘若有人非常幸運，在有生之年獲得了名副其實的聲望，但這在他年老之前也是很難發生的——雖然藝術家和音樂家不受這個規則的限制，但是對哲學家而言，則幾乎沒有例外。那些名人肖像畫就可以證實這一點——大多數名人只有在其作品已經獲得聲譽之後，才會被畫肖像，而且通常會被描繪成頭髮花白的老者，哲學家尤其如此。從

62 法國物理學家、數學家和天文學家。

幸福主義者的立場來看，這倒不失為一個恰當的安排——同時擁有名聲和青春，對於一個凡人來說實在是太過奢侈了。

人生苦短，不可浪擲虛度，應該物盡其用地好好享受生活的饋贈。青春本身就已足夠寶貴，代表了自給自足自樂。當人生的喜悅和樂趣，隨著年華漸老而褪去時，恰似秋天的葉子從樹上凋落，名聲之樹則開始像冬青樹一樣適時發芽長葉了。名聲就像是必須要花上一整個夏季的時間生長成熟，才能在冬天享受到的豐美果實。當我們老了，把自己全部的青春力量貢獻給了著作，而這些著作將永保年輕，不會隨著我們一起衰老，還有什麼是比這更能寬慰我們的呢？

讓我們來看一下，因不同的精神追求而得來的不同類型的名聲。

我認為從廣義上來說，智力的優勢就在於能夠形成理論，也就是能夠對特定類型的資料進行重新組合。這些資料可能內容性質差異很大，但**越是在日常生活中廣為人知，透過整理建構取得成就而贏得的名聲，其影響力就會更大，傳播也會更廣。**

例如，如果這些資料內容涉及數字或線條，或科學方面的專門學科，就像物理學、動物學、植物學、解剖學，或古代作家們的散佚之作、難以辨認的碑文，或是歷史上的未解之謎，那麼透過對這些資料進行整理、考據或是重組一類的工作，得來的名聲，只會在同一研究領域中流傳，不會擴散到廣大民眾中去。從事某項專業研究的人數通常很少，而且其中大部分都已經解甲歸田，過著閒散的生活，而且還常常同行相妒，對於那些在這個學科研究小圈子裡聲名卓著的人心存嫉妒。

但是，如果從事的研究眾人皆知，例如涉及人類思想或人類心靈的基本特質；或是一直都在我們眼皮子底下運轉著的偉大的自然力；或人們耳熟能詳的自然法則的一般規律，那麼透過研究整合這類資料以擴大人們對事物的了解，這樣的工作獲得的名聲則遲早都會傳遍整個文明世界。因為如果論據是人人都可以理解的，理論通常也就通俗易懂。**名聲的大小取決於需要克服的困難大小。越是眾人熟知的內容，要形成新穎且真實的理論就會越難**——要想從老生常談中談出新意，可謂難上加難。

如果從事的研究相當艱深，不是人人都有資格去做的，必須費一番精力和苦力才能有所突破，那麼這樣的研究內容幾乎都可以經過新的組合、形成新的理論。如果具備透徹的理解力和精準的判斷力——這倒不需要很高的智力水準——人們便可以幸運地找到既新穎且真實的理論。但是透過這種途徑贏得的名聲傳播範圍不大，與人們對這類型資料的了解和熟悉程度一致。解決這一類的難題，無疑需要完成大量的研究工作——哪怕只是為了掌握已有的知識資料就已經需要耗費大量精力了。如果我們研究的是本身就明白通曉、無須費心的資料，那麼要贏得舉世矚目的名聲相對費力少些，但這將會要求更多的天賦和才能——不論是從內在的價值，還是從受到的評價來看，一味苦幹和擁有天才的素質完全不能相提並論。

耐得住寂寞才擔得起盛名

對那些覺得自己具備相應的理解力和正確的判斷力，但又不是擁有了最高程度思想稟賦的人們來說，我的建議是，**不要害怕費力的研究——只有透過艱苦的勞動，才能超越大多數目光短淺的人；也才能深入那些無人問鼎的偏僻領域**。在那些領域鮮有競爭對手，只要稍具頭腦，就可以很快找到機會發現並公布一個既新且真的理論，而這樣的發現，其價值很可能就是得益於不畏艱苦、攻克難關這一點。但是只有懂得這門學科的同行們才會為之喝彩，而這些喝彩聲在普通大眾聽起來，會覺得與自己相隔甚遠。

倘若我們繼續追逐著這樣的名聲走下去，就會發現想要發掘出新的學科資料越來越艱難。但實際上之前接觸到的那些高深的資料本身，已經為揚名立萬奠定了基礎，就像探險家抵達了一處遙遠的、名不見經傳的地方，透過他的所見所聞就已經可以成名，不需要透過他的所思所想才出名。獲取這種名聲最大的優勢就是，講述見聞要比傳達自己的思想容易多了，人們理解他人所見比理解他人所想更加容易，也會更樂意去閱讀講述見聞的著作。正如阿士莫斯所言：「遠航歸來，方有故事可講。」不過如果認識了那些著名的旅行家們，對他們有所了解，就難免會想起賀拉斯說過的一句話——**新的風景並不總是意味著新的思想。**

至於那些**天賦極高、擁有強大精神力量的人，就應當去解決重大難題**，如那些關係到整個世界和全人類的問題。這樣的人應該全方位均衡地拓展自己的視野、兼顧多個方面，以避免在某個岔道上走得太遠，迷失在鮮為人知的領域。換句話說，他不會太過糾纏於某一學科中的某一專門領域，也不會去鑽細枝末節的牛角尖。他沒有必要為了避開與多數人競爭，就去找難以入門的學科來研究。

生活中常見的事物也可以成為研究素材，形成新的正確的理論。這樣一來，他做出的貢獻會被所有熟悉素材的人欣賞，也就是說能獲得大多數人的欣賞——想想看，物理學家、化學家、解剖學家、礦物學家、動物學家、語言學家、歷史學家所能獲得的聲譽，與研究人生的詩人和哲學家們獲得的名聲相比，二者之間的差別是多麼巨大啊！

附錄
叔本華著作及生平大事記[63]

一七八八年（出生）

二月二十二日：阿圖爾・叔本華出生在德意志帝國但澤（今波蘭格但斯克）一個富商家庭，父親叫海因里希・弗洛里斯・叔本華；母親叫約翰娜・亨利埃特・叔本華，娘家姓特羅西納。

三月三日：叔本華受洗禮於聖瑪利亞教堂。

叔本華和母親遷居奧里瓦莊園，他在那度過了童年。

一七八九年（一歲）

叔本華的外祖父克利斯蒂安・海因裡希・特羅西納住進斯圖特莊園。

七月十四日：巴黎人民攻占巴士底監獄，法國大革命爆發。

---

63 此附錄參照中國商務印書館一九九九年九月第一版《叔本華論說文集》整理。

一七九三年（五歲）

一月二十一日：法國國王路易十六被處決。普魯士、奧地利、英國、荷蘭、西班牙、葡萄牙、撒丁和那不勒斯組成第一次反法聯盟。波蘭被第二次瓜分。但澤、波森（今波茲南）等被劃歸普魯士。在但澤被占領前不久，叔本華一家離開了該市，遷往漢堡，住進舊城新街七十六號。

十二月二十三日：叔本華的祖父安德莉亞斯・叔本華去世。

一七九四年（六歲）

三～四月：叔本華的叔叔約翰・弗里德里希・叔本華在但澤去世。

一七九六年（八歲）

叔本華一家搬到漢堡新萬德拉姆街九十二號。拿破崙進軍義大利。

一七九七年（九歲）

叔本華的外祖父克利斯蒂安・海因裡希・特羅西納去世。

六月十二日：叔本華的妹妹路易絲・阿德萊特・拉維尼亞（阿德勒）誕生。

七月：叔本華和父親一起去巴黎和利哈佛。他在格雷戈勒・德布雷西曼家住了兩年，和德布雷西曼的兒子安提姆交上了朋友，並學習法語和法國文學。

一七九九年（十一歲）

春季：叔本華的朋友戈德弗里特・雅尼施死於漢堡。

八月：叔本華因法國的政治形勢經海路回到漢堡，之後進入龍格博士創辦的私立學校學習，直至一八一三年。期間他和商人的兒子沙裡士・戈特弗勞伊、酒商的兒子格奧爾格・克利斯蒂安・洛倫茨・邁爾成為朋友。

一八〇〇年（十二歲）

叔本華一家去布拉格和卡爾斯巴德旅行，並在威瑪會見席勒；在柏林會見伊夫蘭德。

十月十七日：返回漢堡。

一八〇二年（十四歲）

叔本華閱讀讓・巴底斯特・羅範・德・高烏雷的《福布拉騎士的愛情冒險》。

一八〇三年（十五歲）

叔本華根據父親的意願決定不上文科學校學習，決定將來不當學者。他計畫了一次長途旅行，周遊了荷蘭、英國、法國和奧地利，並開始學習經商。

五月三日：叔本華踏上旅途。

六月三十日～九月二十日：叔本華在溫布頓的住宿學校學英語。

一八〇四年（十六歲）

六月十九日：叔本華一家在奧地利布勞瑙。

八月二十五日：結束在國外的旅行。

九月：叔本華在但澤住了三個月。在鉅賈雅各・卡布隆處學習，卡布隆後來創辦了商業學院。

一八〇五年（十七歲）

爆發第三次反法聯盟戰爭。

年初：叔本華在漢堡大商人馬丁・約翰・耶尼施那兒學習，還聽了龍格博士的神學講演。

四月二十日：叔本華的父親去世。

八月：約翰娜・叔本華將新萬德拉姆街的房子出售，全家遷往科爾霍夫街八十七號。

一八〇六年（十八歲）

爆發第四次反法聯盟戰爭。

五月：約翰娜．叔本華在威瑪。叔本華青年時代的朋友安迪墨到漢堡學習經商。

九月二十一日：約翰娜．叔本華帶著妹妹阿德勒最終遷居威瑪。約翰娜．叔本華與歌德交好。

一八〇七年（十九歲）

五月底：叔本華離開漢堡經威瑪去戈塔，並和卡爾．路德維希．費爾瑙交上朋友。

六月：叔本華開始在戈塔文科中學跟弗里德里希．雅各兄弟學習，並住在卡爾．戈特霍德．棱茨教授家裡。

十二月：一首嘲笑克利斯蒂安．斐迪南．舒爾策的諷刺詩使叔本華極為不滿。他離開文科中學，遷居威瑪，後和作家約翰內斯．丹尼爾．法爾克、劇作家紮哈裡亞斯．維爾納相識。

一八〇八年（二十歲）

九月：叔本華和丹尼爾・法爾克親見了沙皇亞歷山大和拿破崙在愛爾富特的會見。

一八〇九年（二十一歲）

二月三日：叔本華和卡洛琳娜・雅格曼同時在威瑪參加了一場當地的假面舞會。

二月二十二日：叔本華成年。

十月七日：叔本華去哥廷根，並於十月九日開始在那兒學醫，和後來任普魯士駐梵蒂岡、駐倫敦大使克利斯蒂安・卡爾・約西亞斯・馮・邦森以及威廉亞姆・巴克豪澤・阿斯泰爾結識。叔本華的哲學老師是弗里德里希・博特韋克和戈特洛布・恩斯特・舒爾策，在舒爾策的指導下，他研讀了柏拉圖和康德的著作。同年柏林大學開辦。

一八一〇年（二十二歲）

約翰娜．叔本華著的《C．L．費瑙傳》出版。

一八一一年（二十三歲）

復活節：叔本華和克利斯蒂安．邦森在威瑪。

九月：叔本華開始在柏林大學學習兩年，約翰．戈特利布．費希特在大學執教。叔本華研究費希特哲學，並和動物學教授馬丁．海因里希．利希滕施泰因結下友誼。

一八一二年（二十四歲）

夏季學期：叔本華和德國哲學家、神學家弗里德里希．恩斯特．丹尼爾．施萊馬赫爾發生爭論。後叔本華途經威瑪和德勒斯登，前往坦普立茲旅行。

一八一三年（二十五歲）

五月二日：呂策和格羅斯戈森戰役時，叔本華逃出柏林。

五月二十二日：叔本華在德勒斯登。

六月：叔本華在威瑪撰寫博士論文《論充足理由律的四重根》。

十一月五日：叔本華回到威瑪他母親家裡。

十一月底：歌德讚賞叔本華的成就。他們進行了長談，專門討論了歌德的顏色理論。

一八一四年（二十六歲）

四月：叔本華和他母親的爭吵達到頂點。

四月三十日：著名的《哥廷根學報》發表了對叔本華哲學著作的第一篇評論。

五月：叔本華和他母親徹底決裂，離開威瑪，後在德勒斯登住了四年，和泛神論者卡爾・克利斯蒂安・弗里德利希・克勞澤、畫家路德維希・西吉斯蒙德・魯爾、作家赫爾曼・馮・皮克勒—穆斯考、斐迪南・弗赫爾・馮・比登費爾特認識。

一八一五年（二十七歲）

叔本華撰寫《論視覺和顏色》（一八一六年印刷）。

一八一六年（二十八歲）

叔本華住在德勒斯登郊區的奧斯特拉大街。

一八一八年（三十歲）

三月：叔本華完成《作為意志和表象的世界》初稿。

八月：叔本華為他的主要著作《作為意志和表象的世界》撰寫前言。

秋季：叔本華去義大利旅行。

十～十一月：叔本華在威尼斯。

十二月：叔本華在佛羅倫斯。

青年時代的叔本華

一八一九年（三十一歲）

年初：《作為意志和表象的世界》由F．A．布洛克豪斯出版。

一～二月：叔本華在羅馬。

二～四月：叔本華去龐貝等地旅行。

三月：叔本華從羅馬經義大利北部（佛羅倫斯、威尼斯和維羅納）回到瑞士。

八月二十五日：叔本華重返德勒斯登。

但澤亞伯拉罕．路德維希．莫爾商號倒閉，叔本華家因而發生財政危機。

十月：維也納《文學年鑑》和威瑪《文學週刊》發表了第一批對《作為意志和表象的世界》的否定性評論。

十二月三十一日：叔本華申請在柏林大學當哲學講師。

一八二〇年（三十二歲）

叔本華和黑格爾發生爭執。叔本華第一個，也是唯一的一個課堂「整個哲學就是關於世界的本質和人的精神的學說」宣告失敗。

一八二二年（三十四歲）

五月二十七日：叔本華經瑞士去米蘭和佛羅倫斯旅行。

一八二三年（三十五歲）

五月三日：叔本華在特裡恩特。後經慕尼克返回。

七月五日：約翰娜．叔本華剝奪叔本華的繼承權。

一八二四年（三十六歲）

五月二十六日～六月十九日：叔本華在加施泰因浴場治病。

九月：叔本華在德勒斯登。

一八二六年（三十八歲）

夏季學期：叔本華最後一次嘗試舉辦課堂。

一八二九年（四十一歲）

叔本華翻譯西班牙哲學家巴爾塔紮爾．格拉西恩的《處世預言》，出版商布洛克豪斯拒絕接受出版。

一八三一年（四十三歲）

八月二十五日：叔本華因懼怕霍亂病而離開柏林。

年底：叔本華在法蘭克福。

一八三二年（四十四歲）

七月起：叔本華在曼海姆。

一八三三年（四十五歲）

七月六日：叔本華定居在美茵河畔法蘭克福，在那兒度過了他餘生的二十八年。

一八三五年（四十七歲）

叔本華撰寫《自然界中的意志》。

一八三七年（四十九歲）

叔本華撰寫《致建立歌德紀念碑委員會》一文。

一八三八年（五十歲）

四月十七日：約翰娜．叔本華去世。

一八三九年（五十一歲）

叔本華撰寫徵文《論意志的自由》。

一八四〇年（五十二歲）

叔本華撰寫徵文《論道德的基礎》。

一八四一年（五十三歲）

博士尤利烏斯・弗勞恩施塔特成為阿圖爾・叔本華的學生。

《倫理學的兩個基本問題》出版（收錄《論意志的自由》和《論道德的基礎》）。

一八四二年（五十四歲）

阿德勒・叔本華看望她的哥哥。

一八四三年（五十五歲）

三月一日：叔本華遷往法蘭克福好希望街十七號。

六月七日：德國詩人弗里德利希・荷爾德林去世。

弗里德里希・多爾古特發表《唯心主義的錯誤根源》一書，叔本華的學說在這部著作中得到了承認。

一八四四年（五十六歲）

F・A・布洛克豪斯出版《作為意志和表象的世界》的第二版。

十月十五日：尼采誕生。

一八四五年（五十七歲）

多爾古特撰寫《叔本華及其真理》。

一八四七年（五十九歲）

叔本華的博士論文《論充足理由律的四重根》再版。

一八四九年（六十一歲）

三月二十八日：《德意志帝國憲法》在法蘭克福通過。

八月二十五日：阿德勒・叔本華去世。

晚年的叔本華

一八五一年（六十三歲）

十一月：《附錄和補遺》在柏林由A．W．海因出版，此書使叔本華聲名遠揚，其中《人生智慧箴言》和《勸誡與格言》兩部分，更是得到了諸如湯瑪斯．曼、托爾斯泰等人的大力推崇。

一八五四年（六十六歲）

《自然界中的意志》第二版出版。

弗勞恩斯丹特撰寫《論叔本華哲學的書信》。

一八五七年（六十九歲）

五月四日：弗里德里希．黑貝爾和威廉．約爾丹到法蘭克福訪問。

波恩大學講授叔本華的哲學。

十月初：克利斯蒂安．卡爾．約西亞斯．馮．本森訪問叔本華。

一八五八年（七十歲）

二月二十二日：叔本華七十壽辰。

叔本華拒絕擔任柏林皇家科學院院士。

德・桑克蒂斯撰寫《叔本華和利奧波特》。

一八五九年（七十一歲）

《作為意志和表象的世界》第三版出版。

七月：叔本華遷進好希望街十六號。

十月：伊莉莎白・奈完成叔本華的雕像。

一八六〇年（七十二歲）

八月：叔本華突然窒息。

九月九日：叔本華得了肺炎。

九月二十一日：叔本華去世。

九月二十六日：葬於法蘭克福市公墓。

位於法蘭克福的叔本華雕像

國家圖書館出版品預行編目（CIP）資料

從悲劇中開出幸福花朵的人生智慧——叔本華（全新譯本）／阿圖爾・叔本華著；木云、林求是譯. -- 初版
--新北市：方舟文化出版：遠足文化發行，2019.04
224面；14.8×21公分. --（心靈方舟：0AHT0016）
譯自： Aphorismen zur Lebensweisheit
ISBN 978-986-96726-9-6（平裝）

1.格言　2.生活指導　3.哲學　4.叔本華

192.8　　108000715

心靈方舟 0016
從悲劇中開出幸福花朵的人生智慧——叔本華
（全新譯本）

作　　者　阿圖爾・叔本華（Arthur Schopenhauer）
譯　　者　木云、林求是
封面設計　職日設計
內頁設計　王信中
主　　編　李志煌
行銷主任　汪家緯
總 編 輯　林淑雯

讀書共和國出版集團
社長　郭重興
發行人兼出版總監　曾大福
業務平臺總經理　李雪麗
業務平臺副總經理　李復民
實體通路經理　林詩富
網路暨海外通路協理　張鑫峰
特販通路協理　陳綺瑩
印務　黃禮賢、李孟儒

出 版 者　方舟文化／遠足文化事業股份有限公司
發　　行　遠足文化事業股份有限公司
231 新北市新店區民權路108-2號9樓
電話：（02）2218-1417
傳真：（02）8667-1851
劃撥帳號：19504465
戶名：遠足文化事業股份有限公司
客服專線：0800-221-029
E-MAIL：service@bookrep.com.tw
網　　站　www.bookrep.com.tw
印　　製　通南彩印股份有限公司
電　　話　（02）2221-3532
法律顧問　華洋法律事務所 蘇文生律師
定　　價　380元
初版一刷　2019年4月
初版六刷　2023年5月

方舟文化官方網站　方舟文化讀者回函